Stefan Jung

Was Gott daraus macht

Meinen Schwiegereltern Christa und Wolfgang Nagel
in Dankbarkeit gewidmet, die mich ermutigen,
auf das zu achten, »was Gott daraus macht«!

Meinem Lektor, Dr. Thomas Baumann,
einen großen Dank für die »Extrameilen«.
Das trennt die Spreu vom Weizen.

Stefan Jung

Was Gott daraus macht

Vertrauen lernen mit Josef

NEUFELD VERLAG

Druck und Bindung des vorliegenden Buches erfolgten in Deutschland

Das verwendete Papier ist FSC-zertifiziert. Als unabhängige, gemeinnützige, nichtstaatliche Organisation hat sich der Forest Stewardship Council (FSC) *die Förderung des verantwortungsvollen und nachhaltigen Umgangs mit den Wäldern der Welt zum Ziel gesetzt*

Die Deutsche Bibliothek verzeichnet diese Publikation in der Deutschen Nationalbibliografie; detaillierte bibliografische Daten sind im Internet über www.d-nb.de abrufbar

Bibelzitate, sofern nicht anders angegeben, wurden der Übersetzung *Hoffnung für alle* entnommen © 1986, 1996, 2003 by *International Bible Society.* Verwendet mit freundlicher Genehmigung des Verlages

Lektorat: Dr. Thomas Baumann
Umschlaggestaltung: spoon design, Olaf Johannson
Umschlagbilder: Ollyy, MorganStudio/ShutterStock.com®
Satz: Neufeld Verlag
Herstellung: CPI – Clausen & Bosse, Leck

© 2015 Neufeld Verlag Schwarzenfeld
ISBN 978-3-86256-064-6, Bestell-Nummer 590 064

www.neufeld-verlag.de / www.neufeld-verlag.ch

Bleiben Sie auf dem Laufenden:
newsletter.neufeld-verlag.de
www.**facebook**.com/NeufeldVerlag
www.neufeld-verlag.de/**blog**

NEUFELD VERLAG

Inhalt

Das Leben ist kein Problem, das sich lösen ließe; eher ein Werk, das vollendet werden muss.

PHILIP YANCEY

Vorwort

ICH WEISS, DASS ES MIR nicht immer gelingt, Gott fest zu vertrauen, aber ich möchte es zumindest immer wieder versuchen. Nun ist das mit dem festen Vertrauen nicht ganz so einfach. Es fühlt sich gut an und passt in unser Lebenskonzept, wenn es gut läuft. Aber wenn wir festsitzen und von Gott scheinbar nichts hören und mitbekommen, oder Entscheidungen treffen müssen, die wir gerne umgehen würden, dann ist es alles andere als einfach, Gott fest zu vertrauen und Kurs zu halten.

Gott zu vertrauen ist zweifellos ein großes Abenteuer, denn wir machen oft erst nach schwierigen Zeiten die Erfahrung, dass Gott schon längst eine zielgerichtete Spur für uns gezogen hat; für unser Empfinden sehr oft auf Pfaden, die wir weder verstehen noch selbst ausgewählt hätten. Gottes Spur zu folgen ist ein uns zutiefst verändernder Prozess, auch dann, wenn er aus unserer Sicht über viele Umwege führt. Manchmal fehlt uns der Spürsinn dafür, dass es einen (guten) Plan gibt, besonders in ausweglosen Situationen und wenn uns Böses widerfährt oder Dinge geschehen, die wir nur als Verlust einstufen können.

Doch Gott hat einen Plan, für den er manchmal Rohmaterial verwendet, auf das wir lieber verzichtet hätten. Davon erzählt die jahrhundertealte Geschichte von Josef. Sie macht plausibel, dass Umwege, die uns das Leben auferlegt, angenommen werden können und wir lernen können, das Beste daraus zu machen. So werden die Umwege, die wir gehen, oft unsere produktivsten Wege. Das zu erleben, ist jedoch schmerzhaft und führt uns an Grenzen und in Tiefen. Doch so gewinnen wir an Tiefgang, lernen es, Extreme zu überwinden, reifen in unserer Persönlichkeit und werden zu barmherzigen Menschenkennern und verantwortungsvollen Persönlichkeiten.

Ich bin davon überzeugt, dass diese Geschichte für die eigene Lebensbewältigung herausfordernde Impulse liefert. Sie hat das Potenzial, unserem Leben neu Orientierung zu geben und aus Negativem Positives wachsen zu lassen.

Ja, es stimmt offensichtlich, was der argentinische Autor und Psychiater Jorge Bucay einmal auf den Punkt gebracht hat: »Kindern erzählt man Geschichten zum Einschlafen – Erwachsenen, damit sie aufwachen.«[1] Josef war ein »Träumer«, kein schönes Etikett, doch in den entscheidenden Momenten seines Lebens war er hellwach. Ich denke, die

---

1   Rafik Schami, *Die Frau, die ihren Mann auf dem Flohmarkt verkaufte: Oder wie ich zum Erzähler wurde*, München 2011, S. 38.

alte Erzählung von Josef und seinen Brüdern hilft wach zu werden, Initiative zu ergreifen und offensiv zu leben.

Geschichten verleihen unserer Realität Sinn, denn in ihnen verbirgt sich eine große Kraft und Inspiration, besonders in den Geschichten der Bibel.[2] Esther Maria Magnis beschreibt in ihrer erschütternden autobiografischen Suche nach Gott, welche Rolle Geschichten, die Menschen mit Gott erlebt hatten, für sie spielten: »Ich hatte in der Zeit, in der ich mich von Gott abgewandt hatte, die Wirklichkeit verloren. Mit dem Glauben an Gott kam die Welt zurück. Und mit ihr die Menschen. Und mit den Menschen die Geschichten, die sie mit Gott erlebt hatten.«[3] Interessante Lebensgeschichten treiben uns an, sie helfen, sich von Belanglosigkeiten zu verabschieden. Mose lag die geistige und geistliche Verfassung seines Volkes am Herzen, darum schrieb er Geschichten auf und der Biografie von Josef räumte er besonders viel Platz ein.

Und gerade die Josefsgeschichte hat eine immense Wirkung in Literatur und Kunst gehabt. Johann Wolfgang von Goethe hat von ihr gesagt: »Höchst anmutig ist diese natürliche Erzählung, nur scheint sie zu kurz, und man fühlt sich berufen, sie ins einzelne auszumalen.«[4] Ich will sie nicht aus-

---

2 Römer 15,4: *Und alles, was die Schrift sagt und was doch schon vor langer Zeit niedergeschrieben wurde, sagt sie unseretwegen. Wir sind es, die daraus lernen sollen; wir sollen durch ihre Aussagen ermutigt werden, damit wir unbeirrbar durchhalten, bis sich unsere Hoffnung erfüllt.*

3 Esther Maria Magnis, *Gott braucht dich nicht – Eine Bekehrung*, Hamburg 2012, S. 204.

4 Philipp David, »*In-Spuren-Gehen*« – *Thomas Manns mythischer Roman* Joseph und seine Brüder, S. 117–142, in: Maike Schult, Philipp David (Hg.), *Wortwelten. Theologische Erkundung der Literatur*, Kieler Theologische Reihe, Berlin 2011, S. 121.

malen, aber ich möchte der Kraft ihrer Botschaft neu Gehör verschaffen, denn in unserer Welt verflüchtigen sich die biblischen Erzählungen, obwohl sie uns so viel zu geben haben.

Diese Geschichte spart das menschliche Versagen, Parteilichkeit, Neid, Versuchungen und Schmerzen nicht aus – im Gegenteil: Sie thematisiert das Dunkle und die menschlichen Abgründe, auch in den Familien. Und sie erzählt von Versöhnung und Vergebung, von einem Gott, der Gelingen im Auf und Ab des Lebens schenkt. Loslassen, überwinden, anderen eine zweite Chance geben, das sind Tugenden, die befreien. Das Leben von Josef erzählt davon und von einem Gott, dessen Gnade tiefer hinabreicht als auf die Ebene von Freude und Leid und beides in sich aufhebt. Gott tut das nicht, indem er alle unsere Probleme löst und Hindernisse aus dem Weg räumt, aber indem er die Wege und Umwege, die wir gehen, zu einem guten Ziel führt. Wir werden Teil eines sinnhaften Ganzen, das höheren Zielen dient, als wir es hätten planen oder uns vorstellen können. Und nicht zuletzt stellt die Josefsgeschichte die Frage, welche Spuren wir mit unserem Leben legen, und ob wir im Auf und Ab des Lebens Kurs halten.

Einführung

ES GIBT KARRIEREN, DIE ATEMBERAUBEND sind. Sie faszinieren uns, weil sie weder vorhersagbar noch planbar gewesen wären. Eine solche Karriere steht im Mittelpunkt der nächsten Kapitel. Atemberaubend deshalb, weil sie immer wieder Wendungen nimmt, die der Geschichte eine völlig andere Richtung geben.

Josefs Lebensgeschichte, mit Höhen und Tiefen, die er zuerst mit, dann ohne und schließlich wieder mit seiner Familie erlebte, ist eingebettet in die Erzählung von den sogenannten Erzvätern oder Patriarchen Abraham, Isaak und Jakob.[5] Die Geschichte von Josef steht im ersten Buch Mose/ Genesis Kapitel 37–50. Die Erzväter-Geschichten von Abraham, Isaak und Jakob beinhalten viele Muster, die für alles Weitere in der Bibel, aber auch für die christliche Theologie im Allgemeinen, von fundamentaler Bedeutung sind. Darum

---

5   In der alttestamentlichen Forschung spricht man heute von den *Erzelternerzählungen der Genesis.*

ist es für Christen wichtig, diese Erzählungen zu kennen und zumindest in ihren Grundzügen zu verstehen.

Im ersten Buch Mose, der Genesis, folgen nach der Urgeschichte, die die Erschaffung der Welt, den Sündenfall, die große Flut und den Turmbau zu Babel beinhaltet, die Patriarchenstorys. Die erste Geschichte ist die Abrahams-Erzählung. Mit Abraham beginnt etwas ganz Neues, denn Gott spricht seit dem Turmbau in Babel wieder selbst zu einem Menschen. Er gibt Abraham einen Befehl: »*Verlass deine Heimat und geh in ein Land, das ich dir zeigen werde!*« Und Gott gibt Abraham eine Verheißung: »*Deine Nachkommen sollen zu einem großen Volk werden und ich will dich segnen.*« Abraham lässt sich darauf ein, er gehorcht diesem Befehl und klammert sich an die ihm gegebene Verheißung. Paulus beschreibt den grandiosen Glaubensschritt dieses Mannes ausführlich im Römerbrief Kapitel 4.

Isaak, der Sohn Abrahams und Saras, wird geboren, als Abraham hundert und Sara neunzig Jahre alt ist. Isaak ist der zweite Patriarch. Ihm gegenüber erneuert Gott die Landverheißung (1. Mose 26,2–5). Obwohl Isaak ähnliche Fehler wie sein Vater macht, wird er dennoch gesegnet. Isaak war ein eher stiller, introvertierter Mann, weniger aktiv als Abraham und Jakob. Isaaks Ehe mit Rebekka blieb zwanzig Jahre lang kinderlos, dann werden die Zwillinge Esau und Jakob geboren, über die Gott sagte, dass *der Erstgeborene dem zweiten dienen wird* (1. Mose 25,23). Damit wurde bestimmt, dass der Messias von dem Jüngeren, von Jakob abstammen würde.

Damit beginnt die Jakobsgeschichte. Jakob erschleicht sich mit einer List den Erstgeburtssegen. Er handelt aus Neid und Rivalität, weil Isaak unablässig Esau bevorzugt. Darauf muss er aus seiner Heimat fliehen, weil sein Zwillingsbruder Esau ihn töten will. Bevor er das Land verlässt, hat er einen

Traum, in dem ihm Jahwe erscheint. Wie schon zuvor Abraham und Isaak verheißt Gott ihm Land und viele Nachkommen. Er soll ein Segen für andere Völker sein. Jakob schwört daraufhin dem Herrn die Treue. Zwanzig Jahre lebt er bei seinem Onkel Laban. Er wird dort reich, trotz Labans Versuch, ihn zu betrügen. Schließlich flieht er von dort und will mit seiner Familie über den Jabbokfluss in das Land der Verheißung zurückkehren. Doch so einfach geht das nicht. Die erfolgreiche Flucht vor Laban heißt für ihn, Esau wieder gegenübertreten zu müssen. Der betrogene Bruder zieht ihm mit 400 Mann entgegen. Jakob hat Angst. In der Nacht findet ein Kampf statt bis zum Morgengrauen. Ein Fremder, ein geheimnisvoller Kämpfer, ringt mit ihm, bis der Tag anbricht, und Jakob hält ihn fest mit den Worten (1. Mose 32,27): »*Ich lasse dich nicht eher los, bis du mich gesegnet hast.*« Darauf gibt der Fremde ihm einen neuen Namen – »Israel« – und segnet ihn. Nach diesem Kampf sagt Jakob: »*Ich habe Gott von Angesicht gesehen, und meine Seele ist genesen.*« Gottes verwandelnde Nähe öffnet ein neues Kapitel in Jakobs Leben.

Ein wichtiger Teil der Jakobsgeschichte ist die Josefserzählung, denn sie erklärt, unter welchen Umständen die Familie Jakobs nach Ägypten kam. Generell wird die Erzählung über Josef als eine »weisheitliche Komposition« betrachtet, ohne jede historische Basis oder mit bestenfalls geringer Historizität. Das Alte Testament beschreibt die Ereignisse des Lebens Josefs aber als tatsächlich geschehene Geschichte und daran halte ich mich.

Drei Grundgedanken bilden die »DNA« der Patriarchen-Geschichten. Sie sind wie drei Fäden, die miteinander einen roten Faden von der Spur Gottes in den menschlichen Geschichtsteppich weben: Erwählung, Verheißung und Bund.

1. Erwählung

Erwählung ist ein zentrales Motiv im Alten und Neuen Testament. Mit seinem Ruf an Abraham hatte Gott schon seine Pläne mit dem zukünftigen Volk Israel im Blick. Er sagte Abraham zu: »*Ich will dich zu einem großen Volk machen ... und in dir sollen gesegnet werden alle Geschlechter auf Erden*« (1. Mose 12,2–3). Erwählung heißt, Gott trifft eine Wahl, bevor Menschen geboren werden. Die ungewöhnlichen Umstände, unter denen Isaak und Jakob geboren werden, zeigen dies. Gott erwählte Isaak statt Ismael und Jakob statt Esau. Er erwählte sie, nicht weil sie einen besseren Charakter gehabt hätten oder besser hätten handeln können. Gottes Erwählung ist nicht in einem Vorzug oder einer besonderen Qualität begründet, sondern ein Akt der Gnade.[6] Er erwählte Menschen einfach, *bevor sie geboren waren und irgendetwas Gutes oder Böses getan hatten* (Römer 9,12). Er erwählte sie, um seine Bundesverheißungen an sie weiterzugeben. In poetischer Sprache wird die Erwählung Josefs in Psalm 105,17 beschrieben: *Aber Gott hatte ihnen schon einen Mann nach Ägypten vorausgeschickt: Josef, der als Sklave verkauft worden war.*

2. Verheißung

Verheißung ist ein weiteres großes Thema in den Erzvätergeschichten. Eine Verheißung ist eine Art Vision, ein großes Versprechen, das sich tatsächlich erfüllen wird. Aber die

---

6   Hans Wildberger, Artikel *Erwählen, Theologisches Handwörterbuch zum Alten Testament (THAT)*, Band. I, hrsg. von Ernst Jenni, München 1984, S. 275–300.

Verheißungen erfüllen sich nicht automatisch. Denn es gibt eine Distanz zwischen dem, was Gott verheißt, und dem, was passiert. Gottes Verheißungen erfüllen sich immer – letzten Endes. Aber das Leiden, das der Empfänger der Verheißung durchmachen muss, ist oft herzzerreißend. Und der Gehorsam, den er aufbringen muss, fordert seinen Preis. Abraham wurde ein Land verheißen und dazu, dass seine Nachkommen zu einem großen Volk werden würden, aber dafür musste er erst einmal alles Vertraute hinter sich lassen. Bei seinem Tod hatte er erst ein kleines Stück des verheißenen Landes erworben. Er kaufte von den Hethitern ein Grundstück für ein Familiengrab im Land Kanaan, um seine Frau Sara zu begraben; das Feld von Machpela, in der Nähe des späteren Hebron (1. Mose 23,17–18).[7] Dort wird später auch Jakob begraben (1. Mose 50). Und man kann auch kaum sagen, dass Isaak viele Nachkommen gezeugt hat. Viele Nachkommen hat erst Jakob. Das erste Buch Mose schließt damit, dass Abrahams Nachfahren im ägyptischen Exil leben. Das eigene Land ist in weiter Ferne. Aber Gottes Verheißungen sind in die Zukunft gerichtet. Die letztendliche Erfüllung bleibt oft einer späteren Generation vorbehalten. Wer das Alte Testament liest, der entdeckt das. Und wer das Neue Testament liest, dem geht auf, dass sich viele Verheißungen erst in Jesus Christus, dem Sohn Gottes, erfüllt haben und in seiner Gemeinde erfüllen.

---

7   Vgl. dazu: Meir Sternberg, *Die doppelte Höhle und die biblische Kunst des Dialogs* (1. Mose 23), In: *Stuttgarter Theologische Themen (STT)*, Band/Vol. VI (2011), S. 75–82.

3. Bund

Der Bundesgedanke ist ein dritter Grundzug der Erzvätergeschichten, der ganz eng verknüpft ist mit dem Thema »Verheißung«. Ein Bund schafft ein ganz besonderes Band zwischen Gott und Mensch. Ein Bund ist verbindlich, er ist »die gewichtigste Form der Zusicherung neben einem Eid.«[8] Es ist eine Beziehung, die für beide Partner bindend ist. Ein Bund ist mehr als eine Geschäfts- oder Konsumbeziehung. Das Konzept des Bundes ist dabei, sich aus unserer Kultur zu verabschieden, und uns darum entsprechend fremd geworden.[9] Doch in einem Bund verschmelzen Treue, Identität und Versprechen. Die Eltern-Kind-Beziehung ist auch in unserer Gesellschaft noch eine »Bundesbeziehung« und keine bloße Konsumbeziehung. Es gibt da ein Band und eine Identität, die nicht jederzeit wieder beendet werden können. Gottes Bund mit den Erzvätern ist von grundlegender Bedeutung für die übrigen Bundesschlüsse der Bibel, wie z.B. mit Mose und mit David. Jesus Christus schloss durch sein »Erlösungswerk«, durch sein Sterben und Auferstehen, den Bund zwischen Gott und seinem Volk (*»Dieser Kelch ist der neue Bund in meinem Blut, das für euch vergossen wird!«*, sagt Jesus [Lukas 22,20]). Alle diese Bundesschlüsse mit Gott sind dem Bund mit den Erzvätern ähnlich.

Weil Gott erwählt und auch verheißt und sich so mit uns verbindet, entstehen Lebensgeschichten, die zwar über viele

---

8   Ernst Kutsch, *Verpflichtung/Bund, Theologisches Handwörterbuch zum Alten Testament*, Band. I, (THAT), hrsg. von Ernst Jenni, München 1984, S. 339–352.

9   Vgl. dazu: Timothy und Kathy Keller, *Ehe – Gottes Idee für das größte Versprechen des Lebens*, Gießen/Basel 2013, S. 79–80.

Umwege gehen, aber von einem genialen Plan und einem guten Ziel zeugen.

Bringt es denn etwas, soviel Zeit auf diese alten Geschichten aus dem Alten Testament zu verwenden? Zunächst müssen wir uns klarmachen, dass das Alte Testament die Bibel war, die Jesus las. Dieses Buch war ihm heilig, er kannte diese Geschichten und berief sich immer wieder auf sie. Und wir vergessen leicht, dass sich die allumfassenden Aussagen der Bibel über göttliche Inspiration insbesondere auf das Alte Testament beziehen.[10]

Diese Geschichten zeigen uns einen Gott, der treu ist, im Umgang mit Menschen, die alles andere als perfekt sind. Aber er ist der Gott, der zu seinem Bund steht und seine Verheißungen erfüllt, auch in unserem Leben. Darum kann man aus den Geschichten lernen. Paulus fasst das Timotheus gegenüber so zusammen: *Sie lehren uns die Wahrheit zu erkennen, unsere Schuld einzusehen und uns von Grund auf zu ändern.* Sie vermitteln uns nicht nur eine gute Menschenkenntnis, sie zeigen uns nicht nur, dass Abraham von seinem Neffen Lot genervt wurde und Esau von Jakob und dass Laban dem Jakob auf die Nerven ging. Das sind die menschlich interessanten Dinge, die den Geschichten die nötige Würze geben. Diese Geschichten zeigen uns jedoch vor allem einen liebenden und treuen Gott, der uns zwar nicht immer

---

10   2. Timotheus 3,16–17: *Denn die ganze Heilige Schrift ist von Gott eingegeben. Sie soll uns unterweisen; sie hilft uns, unsere Schuld einzusehen, wieder auf den richtigen Weg zu kommen und so zu leben, wie es Gott gefällt. So werden wir reife Christen und als Diener Gottes fähig, in jeder Beziehung Gutes zu tun.*

einfache Wege führt, aber der an unserer Seite bleibt und uns nicht im Stich lässt. Die Josefsgeschichte fordert uns heraus, uns das Gute zum Vorbild zu nehmen und das Negative zur Warnung.

KAPITEL 1

In eines Mannes Herzen sind viele Pläne; aber zustande kommt der Ratschluss des Herrn.

SPRÜCHE 19,21

Ärger in der Patchwork-Familie

JAKOB WURDE IM LAND KANAAN *sesshaft, in dem auch schon sein Vater Isaak gelebt hatte* (1. Mose 37,1). Wie Jakob wieder zurück in das Land seines Vaters kam, dass es vorher einen Kampf und eine Versöhnung gab, habe ich eben kurz skizziert. Das Prinzip ist wichtig: Manche Rückkehr in unserem Leben gelingt nicht, weil uns dieses »Ringen mit Gott« fehlt; dieser Kampf, in dem wir eine neue Identität bekommen. Es fehlt die Gottesbegegnung, die uns verändert und in der wir einen neuen Namen erhalten. Und manche Rückkehr bleibt uns versperrt, weil wir uns nicht mit »dem Esau« unseres Lebens aussöhnen. Deshalb bleibt manches neue Land auch uneinnehmbar.

Obwohl Isaak der Sohn des Bundes war (nicht Ismael, sondern Isaak war der verheißene Sohn Abrahams), verschwindet er als Hauptfigur bald von der Bildfläche, nachdem seine Zwillingssöhne Esau und Jakob geboren waren. Die Verheißungen des Bundes mit Abraham beginnen sich in Jakobs Familie zu erfüllen, denn aus den zwölf Söhnen Jakobs werden schließlich die zwölf Stämme Israels.

Eingebettet in die Jakobsgeschichte ist die Josefsgeschichte und sie ist in der Reihe der Erzvätergeschichten etwas ganz Besonderes. Denn im Unterschied zu Abraham, dem Stammvater, seinem Sohn Isaak und dessen Sohn Jakob, gehen die Bundesverheißungen nicht direkt auf Josef über. Der Messias sollte einmal aus dem Stamm Juda hervorgehen. Und Juda war der vierte Sohn Jakobs und Leas. Wir werden in der Josefsgeschichte noch einige Male von Juda hören. Er plädierte dafür, Josef zu verkaufen, anstatt ihn zu töten (1. Mose 37,26). Die Linie der Verheißung führt über Juda zu David.

Insofern ist Josef zwar eher eine Randfigur in der Heilsgeschichte der Bibel, aber Mose räumt ihr viel Platz ein. Im Schnitt haben die Erzählungen im 1. Buch Mose einen Umfang von zwanzig bis dreißig Versen, die Josefsgeschichte bildet eine Ausnahme. Sie hat 392 Verse, aus denen man eine Menge lernen kann – vor allem Vertrauen.

Warum? Weil Josef ein außergewöhnliches Verhalten an den Tag legt; ein Verhalten, das Maßstäbe setzt, das Gott gefällt und das uns heute noch aufhorchen lässt. Die Josefsgeschichte ist das Verbindungsstück zwischen den Erzvätergeschichten und der Geschichte des Volkes Israel, die dann mit Mose zu einem gigantischen Aufbruch kommt und weitergeht über Josua, Samuel, Saul, David und Salomo.

Die Josefsgeschichte ist einerseits eine turbulente Familiengeschichte mit viel Zoff und einer unglaublichen Versöhnung, mit allem, was eben in einer Familie so vorkommt. Andererseits ist gerade die Josefsgeschichte eine Führungsgeschichte. Sie ist dies in dem Sinn, dass sie von der Führung Gottes im Leben eines Menschen berichtet, der unter denkbar schlechten Voraussetzungen startet, in großen Versuchungen standhaft bleibt und nicht nur beruflich punktet und Karriere macht, sondern auch privat und familiär die Dinge ordnet, Freundschaft mit seiner Vergangenheit schließt und immer dem Leben zugewandt ist.

Josefs Lebensführung zeigt, dass auch der Einzelne von Gott in einen großen Zusammenhang eingewebt werden kann. Gott schreibt seine Geschichte mit einzelnen Männern und Frauen. So ist auch meine Lebensgeschichte eingebettet in einen großen Zusammenhang, in dem Gott eine spezielle Geschichte mit mir schreibt. Darum lohnt es sich zu versuchen, Gottes Plan für sein Leben herausfinden und umzusetzen.

Josefs Leben macht deutlich: Gott geht außergewöhnliche Wege, wenn es um die Erfüllung seiner Verheißungen geht. Auf drastische Weise wird uns hier vor Augen gestellt, dass die Wege Gottes auch durch Verwirrung und menschliche Intrigen zu ihrem Ziel kommen und dass nicht nur Israel, sondern auch nichtisraelitische Völker wie die Ägypter in Gottes Fürsorge mit eingeschlossen sind. Das könnten wir so übertragen: Gott will durch unser Leben nicht nur unsere Familie oder fromme Menschen segnen und beeinflussen; sondern zu allen Menschen, denen wir bereit sind zu dienen, fließt durch uns der Segen Gottes und das oft, ohne dass wir es merken. Josef wird zum Retter nicht nur für die Ägypter, sondern für viele Völker, die in der Hungersnot nach Ägypten kommen und Getreide kaufen.

Das Leben Josefs ist es wert, als Vorbild genommen zu werden, und das Hauptthema dieser Geschichte ist Gottes Führung. »Die Hand Gottes, die alle Wirrnisse menschlicher

Schuld zu einem gnädigen Ende führen will« (Gerhard von Rad). Gottes Führung, nach der wir manchmal fragen: »Wo ist sie eigentlich? Wo führt denn Gott, ich kann nichts davon sehen!« Das hat Josef sicherlich auch manchmal gedacht. Als er von seinen Brüdern verkauft wurde; als er Heimweh hatte, als er unschuldig im Gefängnis saß. Und doch hat er sie erlebt und entdeckt, die gute Planung und die passgenaue Strategie Gottes. Er hat erlebt, wie Gott die Weichen stellt, wie er Menschen in seinen Plan einbaut. Und er kommt im Rückblick, als sich manches Rätsel seines Lebens löst, zu Einsichten, die einen umwerfen.

Das kann uns ermutigen, in den Phasen unseres Lebens, in denen wir von Gottes Führung nichts spüren, daran festzuhalten: Gott hat einen Plan auch für unser Leben. Bitten wir ihn doch, dass er uns seinen Plan zeigt. Gott meint es gut mit jedem, der ihm vertraut.

Die Verhältnisse und Beziehungen in Jakobs Familie waren alles andere als einfach. Sie waren komplex wie unsere Beziehungen. Höchst störungsanfällig und äußerst labil. Zwölf Söhne hatte er und diese zwölf Söhne hatten immerhin vier Mütter. Zwei dieser vier Mütter waren rechtmäßige Ehefrauen Jakobs, Lea und Rahel, die anderen zwei waren deren jeweilige Mägde, Silpa und Bilha. Sechs Söhne stammten von der einen Ehefrau, Lea. Zwei Söhne von der anderen Ehefrau, Rahel, und je zwei Söhne von den beiden Mägden. Ein Vater, vier Mütter, zwölf Söhne. Das ist nicht alles. Dazu kommen noch einige Töchter. Mit einer Tochter, Dina, kommt es zu heftigen Turbulenzen in der Familie, weil ein kanaanitischer Fürstensohn, Sichem, sich in sie verliebt und sie vergewaltigt (1. Mose 34). Wir können uns also ausmalen, wie kompliziert und fragil die Verhältnisse in der Familie Jakob waren. Vielleicht tröstet uns das, wenn wir in unsere Familie schauen.

Und um die ganze Geschichte richtig delikat zu machen, hatte Josef unter seinen zwölf Söhnen zwei ausgesprochene Lieblinge, die er entsprechend bevorzugte. Natürlich waren das die Söhne von seiner auffallend attraktiven Lieblingsfrau Rahel: Josef und Benjamin. Josef war der absolute Liebling und die Erzählung beginnt, als er siebzehn Jahre alt ist. Sein Vater Jakob ist damals schon 91 Jahre älter, also 108 Jahre alt. *Jakobs Sohn Josef war inzwischen 17 Jahre alt. Seine Aufgabe war es, die Schaf- und Ziegenherden seines Vaters zu hüten, zusammen mit seinen Halbbrüdern, den Söhnen Bilhas und Silpas* (1. Mose 37,2).

Die fünf jungen Männer hatten zwar einen gemeinsamen Job, aber Teamwork war schwierig, weil Josef von Jakob sehr bevorzugt wurde und der junge Mann das schamlos ausnutzte. Jeder, der selbst mehrere Kinder hat, weiß, dass es nicht gut ist, wenn wir ganz offensichtlich und für jedermann durchschaubar ein Kind besser behandeln als die anderen. Klar ist, dass wir mit jedem Kind anders umgehen müssen. Wir sollten jedes auf seine Art nehmen. Geschwister können pure Gegensätze sein. Aber wir können trotz unseres unterschiedlichen Stils mit ihnen gerecht bleiben; gleiche Rechte und Pflichten müssen für alle gelten.

Ganz klar, Josef war der erstgeborene Sohn der Frau seiner Wahl. Rahel war Jakobs Lieblingsfrau, die er sich in langen Jahren hatte verdienen müssen. 14 Jahre hatte er bei Laban für sie geschuftet, weil dieser ihn mit einem üblen Trick übers Ohr gehauen hatte. Doppelt solange, wie es ausgemacht war, und was etwa dem Achtfachen dessen entsprach, was damals als Brautpreis üblich war. Doch interessanterweise, und das lässt aufhorchen, sagt der biblische Bericht, dass Josef diese Jahre wie einzelne Tage vorkamen, weil er Rahel liebte (1. Mose 29,20). Rahel war eine außergewöhnlich schöne

Frau (1. Mose 29,17), doch sie konnte zunächst keine Kinder bekommen und war von daher sehr neidisch auf Lea. Leider starb Rahel bei der Geburt ihres zweiten Sohnes Benjamin, auf der Flucht vor Laban in das verheißene Land.

Möglicherweise spielt dieser tragische Verlust seiner geliebten Rahel eine verhängnisvolle Rolle bei der Bevorzugung seines Sohnes Josef, der damals sechs Jahre alt war. *Jakob liebte Josef mehr als die anderen Söhne, weil er ihn noch im hohen Alter bekommen hatte. Darum ließ er für ihn ein besonders vornehmes und prächtiges Gewand anfertigen* (1. Mose 37,3). Mag sein, dass er die Liebe und Zuneigung, die er gerne noch Rahel geschenkt hätte, jetzt auf Josef projiziert. Doch das ist keine Entschuldigung und es hat erschütternde Folgen. Jakob lässt sich dazu verleiten, Josef ein außergewöhnliches Prachtgewand zu schenken. Natürlich schenken wir unseren Kindern gerne etwas Schönes. Wer möchte denn nicht, dass seine Kinder gut aussehen? Doch der Vater macht hier einen großen Fehler. Das bunte, edle Kleid, das überhaupt nicht zu der Dienststellung eines Hirten passte, war maßlos übertrieben. Für einen Hirtenjungen wie Josef war es natürlich etwas ganz Besonderes. Es war, als würden wir heute in einer Clique von T-Shirt- und Jeans-Trägern nur in edelsten Designerklamotten und exklusivstem Outfit herumlaufen und damit ständig provozieren: »Seht mal, ich bin etwas ganz Besonderes!« Das Gewand war ein unglaublicher Prestigegewinn für Josef und der schürte Neid und führte zum Mobbing. Dazu kam, dass Jakob damit auch gegenüber den anderen deutlich machte, dass Josef das Erstgeburtsrecht bekommen sollte. Wir können uns vorstellen, was da los war. Wir wissen ja, was sich in manchen Familien abspielt, wenn geerbt wird.

Die Bevorzugung des Lieblingssohnes weckt Neidgefühle und Missgunst, die sich bis zum bewussten Hass steigern. Sie reden kein freundliches Wort mehr mit Josef. Sie lassen ihn spüren, dass sie mit ihm nichts mehr zu tun haben wollen. Josef nutzt seine Vorrangposition zu seinem Vorteil, er verpetzt seine Brüder bei ihrem Vater. Er missbraucht das noch vorhandene Vertrauen. Er erzählt ihm alles, was er besser für sich behalten hätte. Der biblische Text sagt: *Hinter ihrem Rücken verleumdete er sie bei seinem Vater und verriet ihm alles, was sie trieben* (1. Mose 37,2b).

Hinter dem Rücken über andere reden, sie schlecht machen: Kein Wunder, dass seine Brüder ihm feind wurden, wie es die Bibel umschreibt. Die Stimmung war mehr als gereizt und schließlich eskalierte die Situation.

Entweder hat Josef einfach nicht verstanden, was in den Köpfen seiner Brüder vorging, oder er hat es arrogant ausgeblendet. Vielleicht war es ihm auch egal. Und dann setzt er noch einen drauf. Josef erzählt einen Traum und provoziert damit seine Brüder aufs Äußerste: »*Hört mal, was ich geträumt habe!*«, rief er. »*Wir waren auf dem Feld und banden das Getreide in Garben zusammen. Da richtete meine sich auf und blieb aufrecht stehen. Eure dagegen bildeten einen Kreis darum und verbeugten sich tief vor meiner Garbe*« (1. Mose 37,6–7).

Diese Geschichte brachte das Fass zum Überlaufen: »*Jetzt schikaniert der uns auch noch mit seinen Träumen. Der spinnt doch.*« Träume kommen in der Bibel immer wieder vor. Und die Traumdeutung war im Umfeld des damaligen Israel eine hohe Kunst. Häufig werden in der Bibel Träume als ein Mittel Gottes angesehen, um mit Menschen in Kontakt zu treten. Träume offenbaren uns nicht nur Vergangenes; sie erinnern uns nicht nur an Unerledigtes und Unaufgearbeitetes oder an nicht überwundene Verletzungen, sie können auch Licht auf Kommendes werfen. Ein solcher Traum war der Traum Josefs, und seine Träume zeigen, dass über seinem Leben offensichtlich ein besonderes Gottesgeheimnis lag.

Seine Brüder verstanden sehr schnell, was Josef ihnen mit diesem Traum sagen wollte: *»Seht euch den Typen an, der will etwas Besseres sein als wir und spielt sich als Lieblingssöhnchen schon wieder mächtig auf! Dem ist wohl sein schönes Gewand zu Kopf gestiegen.«* Und sie antworten ihm entsprechend: *»Was, du willst also König werden und dich als Herrscher über uns aufspielen?«*, schrien seine Brüder (1. Mose 37,8). Ohne es zu wissen, sprechen sie hier eine tiefe Wahrheit aus, die sich erfüllen wird.

Josef hat zu diesem Zeitpunkt keinerlei Ambitionen, Karriere zu machen, geschweige denn eine politische Laufbahn im fernen Ägypten einzuschlagen. Er konnte ja auch gar nicht ahnen, dass er, ein israelitischer Hirte, einmal als Stellvertreter des Pharao über ganz Ägypten herrschen würde – obwohl er den passenden Mantel dazu schon hatte. Für seine Brüder waren die Träumereien ihres Bruders ein Grund mehr, ihn zu hassen: *Sie hassten ihn nun noch mehr, weil er ihnen von diesem Traum berichtet hatte* (1. Mose 37,8b).

Josef hatte bald darauf noch einen zweiten Traum. Den erzählte er nicht nur seinen Brüdern, sondern auch seinem Vater. *»Ich sah, wie die Sonne, der Mond und elf Sterne sich tief vor mir verbeugten«*, beschrieb er (1. Mose 37,9b). Die Brüder bleiben bei ihrer Auflehnung. Ihr Vater indes zeigt eine andere Haltung. Jakob weist Josef zwar in die Schranken und mahnt ihn zur Mäßigung, damit er nicht hochmütig wird, zugleich aber bewahrt er den Traum als Wort Gottes in seinem Herzen. Er geht nicht verächtlich darüber hinweg. Er erkennt, dass ein Höherer zu Josef spricht. *Sein Vater aber bewahrte das Wort* (1. Mose 37,11b [*Elberfelder*]).

Vor den Träumen unserer Kinder, auch vor den Lebensträumen, sollten gerade wir Väter Respekt haben und uns auf gar keinen Fall über sie lustig machen; selbst dann nicht, wenn sie uns provozieren. Wir sollten manchen Traum, auch manchen eigenen Traum einfach mitnehmen, tief in unserem Herzen verschließen und ihn bewahren. Wer weiß, vielleicht offenbart sich eines Tages, dass mancher Traum ein Stück Wirklichkeit geworden ist. Das Leben verläuft anders, als wir uns das vorstellen, aber es läuft nach einem Plan, nach einem genauen Plan, von einem, der es nicht nur gut mit uns meint, sondern auch gut mit uns macht.

KAPITEL 2

Wir sind stumme Zeugen böser Taten gewesen, wir sind mit vielen Wassern gewaschen, wir haben die Künste der Verstellung und der mehrdeutigen Rede gelernt, wir sind durch Erfahrung misstrauisch gegen die Menschen geworden und mussten ihnen die Wahrheit und das freie Wort oft schuldig bleiben, wir sind durch unerträgliche Konflikte mürbe oder vielleicht sogar zynisch geworden – sind wir noch brauchbar? Nicht Genies, nicht Zyniker, nicht Menschenverächter, nicht raffinierte Taktiker, sondern schlichte, einfache, gerade Menschen werden wir brauchen.

DIETRICH BONHOEFFER (1906–1945)

Böse Saat geht auf

DER KLEINE EINBLICK IN DIE Patchwork-Familie von Jakob hat gezeigt, wie kompliziert die Familienkonstellation war. Die Stimmung zwischen Josef und seinen Brüdern war mehr als gereizt. Der weitere Verlauf der Geschichte zeigt, dass eine böse Saat aufgeht, unweigerlich und konsequent. Denn jetzt entladen sich Rivalität, Neid und Hass auf eine brutale Art. In einem hinterhältigen und gemeinen Plan berauben die Brüder Josef mit einem Schlag seiner Heimat, seiner Freiheit, seiner Familie und seiner Persönlichkeitsrechte.

Jakob wollte, dass Josef einmal schaut, wie es seinen Brüdern geht. Der Text sagt nicht, ob es Anlass zur Sorge gab, vermutlich handelte es sich um reine Routine. Josef sollte einfach einmal nachsehen, ob alles mit den Herden in Ordnung ist. Dazu musste er von Hebron nach Sichem wandern, immerhin eine Reise von zwei bis drei Tagen. Doch er findet seine Brüder nicht, weil sie inzwischen weitergezogen waren. Wahrscheinlich suchten sie weitere gute Weidegründe für ihr Vieh. Josef kehrt nun nicht zurück, mit der Meldung, »die waren nicht da und was weiß ich, wo die sich herumtreiben«; ihm reicht es nicht, äußerlich den Auftrag seines Vaters zu erfüllen, er sucht weiter. Er trifft auf einen Mann, der offensichtlich merkt, dass er sich verlaufen hat und nicht mehr weiß, in welche Richtung er gehen soll. Dieser Mann gibt ihm Auskunft, dass seine Brüder nach Dotan gezogen sind. Dotan lag gut zwanzig Kilometer nördlich von Sichem, am Handelsweg von Damaskus nach Ägypten. Josef bricht also mit einem neuen Ziel auf.

Hier zeigt sich ein Charakterzug des jungen Mannes. Er nimmt seinen Auftrag ernst. Er bleibt dran, auch wenn er nicht gleich alles so vorfindet, wie er es erwartet. Er will den Auftrag seines Vaters Jakob ausführen, und diese Gewissenhaftigkeit wird ihm zum Verhängnis: *Seine Brüder erkannten ihn schon von weitem. Noch bevor er sie erreichte, beschlossen sie, ihn umzubringen. »Da kommt ja der Träumer!«, spotteten sie untereinander* (1. Mose 37,18–19).

Von weitem erkennen sie Josef an dem bunten Gewand. Und wie das so ist: Wenn wir bestimmte Dinge wiedersehen, auf die wir negativ konditioniert sind, dann regen sich Widerstände in uns. So erging es den Brüdern von Josef. Für sie war das bunte Gewand ein »rotes Tuch«. Es provozierte sie. Da haben sie gesagt: »Jetzt kommt ›unser Träumer‹ wieder, macht seinen Kontrollgang und erzählt dann alles brühwarm über uns zu Hause bei unserem Vater!« Das Klima zwischen ihnen war vergiftet. In Sprüche 27,4 lesen wir: *Zorn ist grausam und Wut wie überschäumendes Wasser, doch noch unerträglicher ist Eifersucht.*

Der Zorn und die Wut über diesen Träumer bringt die Brüder zum Überschäumen. Sie werden maßlos und rücksichtslos. Jegliches Gefühl für ihren Bruder erstickt und erstirbt. Wie schnell sind sie sich einig! Es ist kaum zu fassen – wie kann ein so gemeines Vorhaben so schnell zum Entschluss reifen?

Darauf gibt es nur eine Antwort: Hier geht eine Saat auf. Eine lange gesäte Saat bricht hervor. *Was der Mensch sät, das wird er ernten*, betont die Bibel in Galater 6,7 und Paulus sagt in diesem Zusammenhang, wer das nicht beachtet, macht sich lustig über Gott. Eine Saat geht auf. Es ist fatal zu sagen: »Ach, die paar Samenkörnchen, was macht das schon.« Es bleiben keine Körnchen, es wächst etwas daraus. Dieses Prinzip gilt in unserem Leben. Was wir säen, werden wir ernten. Jede Saat hat Konsequenzen. Wer misstraut, wird Misstrauen ernten. Was wir anschauen, wird uns prägen, was wir lesen, wird uns verändern. Was wir tun, hat Konsequenzen.

Bei den Brüdern Josefs geht die Saat auf, die schon die Eltern gesät haben. Die Saat unserer Vorfahren geht irgendwann auf. Wir müssen wachsam sein, bezüglich mancher Charakterzüge, die wir in uns tragen, vielleicht auch gegenüber manchen Eigenschaften, die uns sozusagen vererbt wurden. Unser Handeln multipliziert sich nicht nur in unseren Kindern, sondern langfristig betrachtet auch in unseren Enkeln und Urenkeln. Denn wie wir unseren Sohn prägen, das wird sich auswirken, auf die Art, wie er seine Kinder prägen wird.

Isaak hat Esau bevorzugt, weil er gerne gebratenes Wild aß (1. Mose 25,28). Ich kann verstehen, dass er Esau dafür liebte, wenn er ihm ein saftiges Wild-Gourmet-Menu vorsetzte. Das war ja nicht schlimm, aber er schob dafür Jakob beiseite. Später muss Isaak erleben, dass sein Lieblingssohn Esau von dem listigen Jakob mit Hilfe seiner eigenen Frau Rebekka ausgetrickst wird. Denn Rebekka bevorzugte Jakob, er war ihr Liebling. Jakob hat ja nicht nur seinen Bruder Esau betrogen, er hat auch seinem Vater etwas heimgezahlt. Bitterer Hass zwischen den Brüdern war die Folge.

Da Opfer bekanntlich oft wieder zu Tätern werden, geht die verhängnisvolle Kette weiter: Jakob bevorzugt wieder einen seiner Söhne, Josef. Ich habe zwei Argumente genannt, warum er das wahrscheinlich getan hat. Aber er musste die Rechnung dafür bezahlen und erleben, wie Josef von seinen Brüdern gehasst wird. Jakob betrog den Vater, mit Fellen, die er sich um Arme und den Hals gelegt hatte, damit der Schwindel nicht aufflog, um seinen Bruder Esau zur Seite zu schieben. Und er erntet den Betrug von seinen Söhnen, die seinen Liebling Josef in die Sklaverei verkaufen und ihm vorgaukeln, ein wildes Tier hätte ihn zerrissen. Was für ein bitterer Tag, als die Brüder ihm das zerrissene und blutverschmierte Gewand zeigen.

Josef kommt und merkt schnell, dass seine Brüder keinen Spaß mit ihm machen: *Kaum hatte Josef sie erreicht, da entrissen sie ihm sein vornehmes Gewand und warfen ihn in den leeren Brunnenschacht* (1. Mose 37,23–24).

Das verhasste Gewand musste weg! Sie reißen es ihm vom Leib, dann werfen sie ihn in eine Zisterne. Doch bevor sich das abspielte, zeigte sich, dass es doch Unterschiede im Verantwortungsgefühl unter ihnen gab. Zwar einte sie der Hass gegen Josef, aber man war sich nicht ganz einig, wie weit man gehen konnte. Denn so berichten die Verse 20–22: »*Los, wir erschlagen ihn und werfen ihn in einen tiefen Brunnen! Unserem Vater erzählen wir, ein wildes Tier hätte ihn gefressen. Dann werden wir ja sehen, was aus seinen Träumen wird!*« *Nur Ruben wollte ihn retten.* »*Wir dürfen ihn nicht töten!*«, *rief er.* »*Vergießt kein Blut! Werft ihn doch lebend in den Brunnen hier in der Steppe!*« *Ruben wollte ihn später heimlich wieder herausziehen und zu seinem Vater zurückbringen.*«

Und es ist nicht nur Ruben, zwei Brüdern geht das zu weit. Doch der andere schweigt zunächst noch. Vielleicht hat er gedacht: »Ja, wenn es Ruben regelt, soll es mir recht sein, dann muss ich mich nicht hervorwagen!« Ruben mahnt zur Mäßigung und überlegt sich einen Rettungsplan. So schlägt er vor, Josef erst einmal in den Brunnen zu werfen. Seine Brüder gehen darauf ein, schließlich ist er der Älteste. Dann setzen sie sich und essen. Was für ein brutales Bild. Josef kauert nackt in der Zisterne, während sie bei ihrer Mahlzeit noch kaltblütig über ihren Mordplänen brüten.

Ruben ist nicht dabei, ihm hat es den Appetit verschlagen. Er spürt, dass eine Grenze überschritten wurde. Er ist der Älteste, er trägt besondere Verantwortung im Kreis seiner Brüder. Er muss weiter denken als seine Brüder. Er muss antworten, wenn sein Vater fragt: Wo ist Josef? Ja, er will Josef retten. Aber er hat nicht den Mut, sich diesem Druck der Gruppe, diesen Aggressionen wirklich und entschlossen entgegenzustellen. Er denkt, er könne es auf seine Art regeln, still und heimlich. Dabei gibt der Text zu erkennen, dass er mit seinem Wunsch, Josef zu retten, gar nicht alleine gestanden hätte. Da ist noch einer, nämlich Juda. Doch Juda blieb passiv. Er war auch nicht glücklich mit der vorgeschlagenen

Lösung. Ihm ging das ebenfalls entschieden zu weit. Aber auch er hatte nicht den Mut, seine Gedanken auszusprechen, Stellung zu beziehen und Rückgrat zu zeigen. Weil beiden, Ruben und Juda, die Zivilcourage fehlte, blieben sie allein.

Wie oft bleiben wir allein, weil wir nicht herausrücken mit der Sprache und unsere inneren Überzeugungen nicht nach außen dringen lassen. Wir kommen nicht dazu, eine Koalition mit Gleichgesinnten zu bilden, weil wir nicht deutlich machen: Ich denke anders. Wenn wir das nur tun würden, dann käme nämlich zum Vorschein, dass es Menschen gibt, die dankbar dafür sind, dass wir klar Stellung beziehen, weil sie eigentlich genauso oder zumindest in eine ähnliche Richtung gedacht haben. Wir dürfen böse Entwicklungen nicht sich selbst überlassen und es einfach laufen lassen. Wir müssen unserem Gewissen und unserer Intuition folgen und Stärke zeigen.

Gemeinsam wären sie stärker gewesen, Ruben und Juda. Sie hätten Gewicht gehabt. Mit Josef zusammen wären sie sogar zu dritt gewesen und sie hätten das moralische Übergewicht auf ihrer Seite gehabt. Als Juda die Karawane am Horizont sieht, macht er einen Vorschlag: »*Was haben wir davon, wenn wir unseren Bruder töten und den Mord auch noch verheimlichen? Nichts!*« (1. Mose 37,26–27). Das war es, was ihn bedrückte: Wir bringen Josef um und dann klebt unschuldiges Blut an unseren Händen. Und wir müssen dieses böse Geheimnis lebenslang mit uns herumtragen. Das geht zu weit. »*Los, wir verkaufen ihn an die Ismaeliter! Schließlich ist er immer noch unser Bruder!*«

»*Was haben wir für einen Nutzen, wenn wir ihn töten und sein Blut zudecken. Er ist unser Bruder, unser Fleisch ist er*«, so heißt es im hebräischen Text. Juda setzt alles auf eine Karte. Töten auf keinen Fall, dann lieber noch verkaufen! Er warnt vor dem Brudermord, er appelliert an ihr letztes bisschen Gewissen. Seine Rede ist ein Meisterstück der Beeinflussung und sie findet Gehör. Der Kompromiss, dem Ruben niemals zugestimmt hätte, setzt sich durch. Aber er war nicht dabei. So haben alle einen Vorteil in dieser bösen Sache: Josef bleibt am Leben, sie bleiben frei von Blutschuld, sie können dazu noch einen unerwarteten Gewinn einstreichen. Und die Kaufleute machen ein gutes Geschäft. Sie erstehen einen neuen Sklaven zu einem Spottpreis, für zwanzig Schekel Silber, denn der Preis betrug gewöhnlich dreißig Schekel.

So ziehen sie Josef aus dem Brunnen und kassieren ihr Geld. Wie herzlos! Josef wird sofort klar gewesen sein, was hier Schreckliches passierte, seine Brüder hatten ihn verkauft. Sie beraubten ihn in diesem Moment mit einem Schlag seiner Rechte, seiner Freiheit, seiner Heimat. Für seine Brüder war er damit rechtlich und moralisch gestorben.

»Der ist für mich gestorben«, solche Redensarten gibt es ja, selbst unter Christen. Mancher Christ hat seinen Bruder abgeschoben nach »Ägypten«. Als Ruben zurückkommt und realisiert, was passiert ist, ist er außer sich. Er schreit: »Der Junge ist weg, wie kann ich meinem Vater jetzt unter die Augen treten?« Rubens Verzweiflung, der Blick in die leere Zisterne, lassen ihn seine Fassung verlieren. Er fühlt die große Schuld, die angesichts dieser Tat auf ihm, dem Erstgeborenen lastet. »*Wohin soll ich gehen?*«, fragt der hebräische Text. Das beschreibt sein Befinden. Es gibt keinen Ort mehr, an dem ich mich mit einem ruhigen Gewissen und ohne Schuld aufhalten könnte. Wo soll ich hingehen?

Ruben stellt hier eine der Grundfragen von uns Menschen: »*Wo soll ich hingehen mit meiner Schuld?*« Wie kann ich mein Versagen wieder loswerden? Wie kann ich das wiedergutmachen? Wir können uns selbst nicht vergeben und in die

Augen sehen, weil wir wissen: Ich habe Schuld auf mich geladen, ich kann es nicht wiedergutmachen. Und bis heute gibt es nur eine Antwort auf diese Frage: »Wo soll ich hingehen mit meiner Schuld?« Zu Jesus! Zu Jesus, an sein Kreuz. Es ist der einzige Ort der Welt, an dem wir fertig werden mit unserer Schuld. Kolosser 2,14: *Gott hat den Schuldschein, der uns mit seinen Forderungen so schwer belastete, eingelöst und auf ewig vernichtet, indem er ihn ans Kreuz nagelte.*

Wie oft sind wir auch so feige wie Ruben. Wir wagen es nicht, konsequent gegen den Strom zu schwimmen und uns offensiv dem Bösen zu widersetzen. Wir klagen, wenn es zu spät ist. Wer zum Bösen schweigt, macht sich schuldig. Wer die Dinge laufen lässt, sich nicht offensiv gegen böse Entwicklungen stemmt, wird am Ende von den Entwicklungen mitgerissen oder überrannt.

»Wie kann ich meinem Vater jetzt noch in die Augen schauen?« Ihnen ist klar, sie werden ihm unter die Augen treten müssen. Sie werden ihm irgendetwas erzählen und erklären müssen. Und was erklären wir Menschen in solchen Augenblicken? Wieder wird ein Grundprinzip deutlich: Stereotyp beteuern wir: Wir sind unschuldig, wir haben mit der Geschichte nichts zu tun. *»Das haben wir unterwegs gefunden«*, sagten sie, *»kannst du es erkennen? Ist es Josefs Gewand oder nicht?«* (1. Mose 37,32).

Das ist dreist. Aber die Sünde macht uns zu Menschen, die dem anderen ins Gesicht lügen können, ohne rot zu werden. Und damit wird eine weitere Wahrheit deutlich: Sünde zieht Sünde nach sich. In Genesis 4 stehen Sätze, die Gott zu Kain sprach, bevor er seinen Bruder Abel erschlug: *»Kain, warum bist du zornig und blickst so grimmig zu Boden? Wenn du Gutes im Sinn hast, kannst du doch jedem offen ins Gesicht sehen. Wenn du jedoch Böses planst, dann lauert die Sünde*

dir auf (sie liegt vor deiner Tür). Sie will dich zu Fall bringen.«
Schuld verstrickt uns immer mehr in Schuld. Unrecht reißt
uns weiter fort in der begonnenen Entgleisung. Eine Straftat
macht eine neue nötig. Eine Grausamkeit zieht die nächste
Brutalität mit sich.

Sie fertigen ein falsches Beweisstück an, das ihre Unschuld
belegen soll. Ausgerechnet der verhasste bunte Mantel wird
das fingierte Indiz. Über zwanzig Jahre später wird ihnen
selbst ein »fingiertes Indiz« vorgehalten werden. Ein silber-
ner Trinkbecher im Sack von Benjamin – aber das ahnt ja
noch keiner. Der Mantel von Josef wird zerrissen und mit
Blut beschmiert. Was für eine gemeine Täuschung. Sie
machen dem Vater weis, Josef sei Opfer eines wilden Tieres
geworden. Damit wollen sie ihn auch dazu bewegen, den Tod
Josefs rechtsgültig zu bestätigen, damit das Erbteil Josefs nun
ihren Teilen zugeschlagen wird.

Der einst so listige Jakob ist tief getroffen. Er will sein
Trauergewand bis zu seinem Lebensende nicht mehr ablegen.
Ihm ist alles genommen. Rahel, seine Lieblingsfrau, und
Josef, sein Lieblingssohn. Und diese scheinheiligen Söhne, sie
versuchen ihn zu trösten, stellen wir uns das einmal vor. Und
der Text sagt: *Aber keinem gelang es.* Wundert uns das? Was
für tiefe Widersprüche haben in unserer Seele Platz? Einen
Vater trösten, ihm aber gleichzeitig die Wahrheit vorenthalten.
Wie zerrissen können wir Menschen sein. »Sprache, die vom
Sein verlassen ist, gerät zum Geschwätz«, sagt Peter Sloterdijk.[11] Und mit Geschwätz kann niemand trösten. Die Bibel
macht dazu eine klare Aussage (1. Johannesbrief 3,15a und
4,20a): *Jeder, der seinen Bruder hasst, ist ein Mörder. Sollte*

---

11   Peter Sloterdijk, *Du musst dein Leben ändern*, Frankfurt 2012, S. 38.

jemand behaupten: Ich liebe Gott und dabei seinen Bruder hassen, dann ist er ein Lügner.

Die Rechnung der Brüder, mit dem Verschwinden des ungeliebten Bruders den Familienfrieden wiederherzustellen, ging nicht auf. Sie müssen den Anblick ihres gebrochenen Vaters täglich ertragen und sie hüten miteinander ein düsteres Geheimnis. Doch Josefs Spur verläuft nicht im Sande, sie führt nach Ägypten.

Eine böse Saat geht auf. Zweiundzwanzig Jahre werden vergehen, bis Jakob die unglaubliche Wahrheit erfährt. Neid und Hass vermischen sich zu einem zerstörerischen Gebräu. Dieses düstere Kapitel zeigt uns zum einen das Grundprinzip: Was du säst, wirst du ernten. Aber es macht auch deutlich: Wo offener Widerstand und wo klare Standpunkte fehlen, finden sich nicht nur faule Kompromisse, sondern das Böse bahnt sich ungehindert seinen Weg. Faule Kompromisse lösen niemals unsere Schuldfrage und so bleibt die Frage: Wohin soll ich gehen mit meiner Schuld? Sünde zieht Sünde nach sich.

KAPITEL 3

Wer Gott in Ehrfurcht begegnet, hat die Quelle des Lebens gefunden und vermeidet tödliche Fehler.

SPRÜCHE 14,27

Wenn Gott Gelingen schenkt

IN DEN BIBLISCHEN BERICHT WIRD zunächst ein anderer Erzählstrang eingeflochten. Es geht um die Geschichte von Juda und Tamar (1. Mose 38). Das ist eine überaus spannende Episode, denn es kommt zu einer skandalösen Affäre zwischen Juda und seiner Schwiegertochter Tamar, von der er sich verführen ließ. Juda, der eine Kanaaniterin heiratet und mit einer vermeintlichen Prostituierten, seiner Schwiegertochter, schläft, scheint sich damit für eine Führungsrolle unter den Söhnen Jakobs zu disqualifizieren. So wird mit dem Einschub der Tamargeschichte in die Josefserzählung deutlich gemacht, dass Josef, von dem man den Eindruck hatte, dass er die Führungsposition in der Familie Jakobs einnehmen würde, nicht mehr da war und dass sich Josef auch, was Ehe und Sexualität angeht, ganz anders verhalten werde.[12] Josef ist in der Familie Jakobs zunächst völlig von der Bildfläche verschwunden. Jakob lebte in dem Glauben, ein wildes Tier hätte ihn zerrissen, und seine Brüder lebten mit einem dunklen und sie belastenden Geheimnis. Sicherlich dachten sie, diesem Träumer nie wieder zu begegnen. Aber Gott hatte Josef nicht vergessen.

Es gehört zu den großen Herausforderungen unseres Lebens, mit einer schwierigen Vergangenheit fertig zu werden. Können wir uns aus dem Schatten unserer Vergangenheit lösen? In einem gewissen Maß kann das gelingen. Der weitere Verlauf der Josefsgeschichte gibt einige Antworten darauf. Allerdings zeigt diese Sklavengeschichte: Auch wenn Gott mit uns ist, sind wir nicht vor Schwierigkeiten und Versuchungen geschützt, selbst nicht vor Verleumdung, Schaden und Unrecht. Doch gerade in solchen Situationen zeigt sich wieder, dass es einen Unterschied macht, wenn Gott mit uns durch tiefe und spannungsgeladene Zeiten geht.

Über Jakob habe ich schon einiges erzählt. Und wie Jakob einst seinem Onkels Laban Glück brachte, so bringt nun sein Sohn Josef dem ägyptischen Hofbeamten Potifar ungeahnt viel Glück. Potifar, an den Josef verkauft wird, der Kämmerer und der Oberste der Leibwache, ist ein mächtiger Mann am Hof des Pharao. Mit dem Kauf dieses Sklaven hat er offensichtlich einen richtigen Glücksgriff getan. Denn seit dieser hebräische Hirtenjunge in seinem Haus arbeitet, laufen alle Geschäfte blendend. Was der Bursche auch anpackt, es gelingt ihm. Der entscheidende Satz des Abschnittes steht in

---

12 Vgl. dazu: John Goldingay/Alan R. Millard, *Die Väter Israels – Abraham – Isaak – Jakob in Bibel und Geschichte*. In der Reihe: *Theologie und Dienst*, Heft 37, Gießen 1984, S. 17.

1. Mose 39, Vers 2: *Der Herr half Josef: Ihm glückte alles, was er unternahm* (Hoffnung für alle). *Und der Herr war mit Josef, und er war ein Mann, dem alles gelang* (Elberfelder).

Bei solchen Sätzen könnten wir neidisch werden, wenn wir in unser Leben schauen. Josef hat »Glück«, er muss nicht aufs Feld, sondern er wird im Haus beschäftigt und hier gewinnt er das Vertrauen des Potifar. Nicht wegen einer besonderen Begabung oder aufgrund seines Wissens, sondern weil Gott mit ihm war. Gott schenkte Josef Gelingen, selbst in Schicksalsschlägen und im Unglück.

Gibt es so etwas? Ich habe Menschen kennengelernt, die genau das erlebt haben. Sie hatten keine besondere Begabung, sie hatten kein beeindruckendes Wissen. Sie hatten vielleicht nie die Chance, eine vielversprechende Ausbildung zu machen oder zu studieren. Andere hatten dagegen alle Chancen und Möglichkeiten. Und trotzdem spüren wir, dass unser Leben nicht unbedingt deshalb misslingt, weil uns viele Wege verbaut waren, oder gelingt, weil uns alle Wege offen gestanden haben. Nein, es gibt eine tiefere Ebene. Es gibt viele Frauen und Männer, die einfach in ihrem Leben angepackt haben, was ihnen vor die Hände kam, so wie Josef, und sie haben es erlebt: »Gott ist mit mir. Er hilft mir. Er schenkt mir Durchblick. Er schenkt mir Gelingen auch in der Fremde.« Er lässt Gutes wachsen aus denkbar schlechten Voraussetzungen.

Ich bin sicher, solche Leute lesen jetzt diese Zeilen; Menschen – vielleicht ein Teenager in seinem noch so jungen Leben oder ein Großvater nach vielen Lebensjahren. Ja, es gibt Menschen, die wissen, dass Gott ihnen Gelingen geschenkt hat. *Der Herr schenkte Gelingen.* Dazu gehören natürlich Fleiß, Loyalität, Geschick und der Wille, sein Bestes zu geben.

Doch der entscheidende Satz, das, was den Unterschied bei Josef und bei uns ausmacht, ist: Der Herr war mit ihm!

Psalm 1 ist so etwas wie die Einführung in das Buch der Psalmen, weil darin die Grundhaltungen, die wir einnehmen, und die Grundeinflüsse, denen wir uns aussetzen können, beschrieben werden. In diesem Psalm wird das Leitprinzip der Josefsgeschichte, das »Mit-uns-Sein« Gottes in einem schönen Bild beschrieben: *Er ist wie ein Baum, gepflanzt an Wasserbächen, der seine Frucht bringt zu seiner Zeit, und dessen Laub nicht verwelkt, alles was er tut, gelingt ihm.*

Sehr bald zeigte sich für Potifar, dass mit seinem Sklaven Josef eine besondere, unbekannte Macht sein musste. Was der junge Mann auch anpackte, es ging vorwärts. »Gott half ihm.« Was heißt das? Offensichtlich hatte Josef, für seine Umgebung durchaus wahrnehmbar in Brauch und Sitte, auch im fremden Land seinen Glauben an den Gott seiner Väter Abrahams, Isaaks und Jakobs nicht verleugnet. Er hatte eine persönliche Beziehung zu diesem Gott gefunden. Er wusste, wer Gott war, und er wusste auch, dass er sich auf ihn verlassen konnte. In 1. Mose 39,3 heißt es ausdrücklich: *Potifar sah, dass der Herr ihm Erfolg schenkte.* Und das Kapitel endet mit der Aussage des Gefängnisaufsehers, die sich ganz ähnlich anhört: *Er vertraute Josef völlig, weil er sah, dass der Herr ihm half und ihm Erfolg schenkte.*

An Menschen, die ihren Glauben nicht verstecken, ohne groß darüber zu reden, kann man etwas sehen. Und zwar an der Art, wie sie ihre Arbeit tun. Wie sie mit dem Vertrauen, das in sie gesetzt wird, umgehen. Ihr Engagement erzeugt positive Resonanz. Beide Ägypter, Potifar und später der Gefängnisdirektor, spürten, dass dieser Gott Israels, durch den sie mit diesem Sklaven Berührung hatten, offensichtlich auch in der Fremde Macht hat. Eine für sie erstaunliche Sache, denn nach heidnischer Auffassung endete der Machtbereich der Götter an den Grenzen ihres Landes. Bei dem Gott dieses Hebräers schien das anders zu sein.

Ich bin froh, dass der Gott, an den ich glaube, der sich in Jesus gezeigt hat und zeigt, keine Machtgrenzen kennt. Jesus selbst hat gesagt, dass er alle Macht im Himmel und auf Erden hat. Gottes Macht und Kraft wirken auch an dem Platz, an den wir gar nicht wollten. Josef war nicht freiwillig dort. Zehn Jahre blieb er in diesem Haus. Aber wenn wir uns wie er zu Gott stellen, dann stellt Gott sich zu uns.

Was zeichnet Josef aus? Er lebte nicht rückwärtsgewandt, in ständiger Auseinandersetzung mit seiner Vergangenheit. Er wusste, dass ihm tiefes Unrecht durch seine Brüder geschehen war, aber er wusste sich in Gottes Hand, auch in Ägypten. Vielleicht ist uns auch tiefes Unrecht widerfahren. Aber die Frage ist: Worauf sind wir konzentriert? Auf die Vergangenheit und das, was passiert ist, oder auf die Gegenwart, in der wir leben? Wie viele blicken nur zurück, sie schauen ständig in den Rückspiegel. Sie nehmen ihre Kindheit und Vergangenheit viel zu wichtig und verlieren dabei eine gesunde Lebenshaltung. Was gestern passiert ist, darf doch unsere Gegenwart nicht ständig bestimmen. Was gestern geschehen ist, darf auch nicht zur Entschuldigung für unser Verhalten heute werden. Denn dann bleiben wir in der Opferrolle. Selbstverantwortung bedeutet aber: Ich verlasse bewusst und entschlossen die Opferrolle. Wenn alle anderen oder die äußeren Umstände an der Misere schuld sind, dann bin ich ein unschuldiges, hilfloses Opfer. Wenn wir aber unseren Anteil am Scheitern erkennen, dann entlarven wir die Schlingen und Muster, die uns sonst so leicht wieder zu Fall bringen. In einer Gesellschaft der »Viktimisierung«, wo sich immer mehr als Opfer irgendwelcher Umstände empfinden und gebärden, ist die Kompetenz der Eigenverantwortung dringender denn je.

Natürlich können Erlebnisse aus unserer Kindheit schwerwiegend sein. Und die Klärung bestimmter Kindheitserfahrungen ist wichtig. Nicht selten kann eine Therapie auch helfen. Aber manche sind so sehr daran gewöhnt, sich als die Opfer ihrer Geschichte darzustellen, dass die Verhaltensweisen der Eltern oder bestimmte Erlebnisse aus der Kindheit ständig wiederbelebt werden. Und so steigen viele in eine Endlosschleife ein, in die quälende Frage nach dem »Warum«. Warum bin ich nicht glücklicher, selbstbewusster, zufriedener, beliebter? Aber die Antwort liegt nicht unbedingt in der Vergangenheit, sie kann auf einer völlig anderen Ebene liegen.

Josef ließ sich nicht von solch einer lähmenden Opfermentalität bestimmen. Ob er im Blick hatte, dass Gott alle unsere persönlichen Umstände, dazu gehören auch die seelischen und körperlichen Misshandlungen, bis ins Detail kennt? Ich denke schon, dass ihm das bewusst war. Gott weiß genau, was gelaufen ist, und welche Auswirkungen ein vergiftetes Familienklima haben kann. Gott weiß und kennt auch mein »Ägypten«. Den Platz, an den ich eigentlich nicht wollte, und an dem ich jetzt doch bin.

Die Geschichte Josefs zeigt uns, dass wir nicht dazu verdammt sind, hilflose Opfer dessen zu sein, was Jahre zurückliegt. Was wir brauchen, ist die Entscheidung nach vorne zu schauen. Etwa zweitausend Jahre später schreibt Paulus, der auch mit einer schwierigen Vergangenheit rang, weil er die Christen blutig verfolgt hatte (Philipper 3,13b–14): *Aber eins steht fest: Ich will alles vergessen, was hinter mir liegt, und schaue nur noch auf das Ziel vor mir. Mit aller Kraft laufe ich darauf zu, um den Siegespreis zu gewinnen, das Leben in Gottes Herrlichkeit. Denn dazu hat uns Gott durch Jesus Christus berufen.*

Vergiss, was hinter dir liegt. Damit du Gottes »Mit-dir-Sein« heute erfahren kannst! Gottes »Mit-uns-Sein« erschöpft sich keineswegs in irgendwelchen geistigen oder religiösen Dimensionen. Es wird für unser Umfeld konkret. Das wird im Alten Testament und vor allem immer wieder in den Vätererzählungen deutlich. Schon Abraham wurde diese Verheißung gegeben: »*Fürchte dich nicht, denn ich bin mit dir ...*« (1. Mose 26,24). Und diese Verheißung gilt Gottes Kindern bis heute. Gott ist mit uns. Gott ist mit dir. *Und der Herr war mit Josef.* Dieser Leitgedanke ist auch die Schlussrahmung des Kapitels, zweimal wird es am Ende noch wiederholt.

Weil Gott erkennbar mit Josef war, gab Potifar ihm eine ganz besondere Vorrangstellung. Er wird zum Verwalter seines gesamten Besitzes. Josef macht Karriere. Er gewinnt das uneingeschränkte Vertrauen. Dass Vertrauen uns Kraft gibt und uns auch hilft, verantwortungsvoll zu handeln, wissen wir. Josef wird zu Potifars Stellvertreter. Ausdrücklich wird gesagt, dass sein Herr sich um nichts mehr kümmerte, außer um das Brot, dass er aß. Das kann man humorvoll verstehen, in dem Sinn, dass Josef für Potifar alles tun konnte, nur essen konnte er nicht für ihn, das musste er schon noch selber machen. Oder man kann den Hinweis auch so verstehen: Der Ägypter achtete bei seinen Mahlzeiten darauf, dass die rituelle Reinheit des Essens nicht durch einen Fremden beeinträchtigt wurde. Jedenfalls weiß Potifar sein Haus und seinen Besitz bei Josef in besten Händen.

Und da gibt es noch jemand im Hause Potifar – seine Frau. Auch sie findet Gefallen an dem Hebräer. Anfangs war es ein junger Bursche, doch inzwischen ist er fast zehn Jahre da. Sie hat sich an ihn gewöhnt. Josef gefällt ihr, ja noch mehr: Sie begehrt ihn. Sie will mit ihm ins Bett. Und jetzt zeigt sich, dass Josef das Vertrauen, das Potifar in ihn gesetzt hat, nicht hinter seinem Rücken missbraucht.

Der Abschnitt wird mit der Bemerkung eingeleitet, dass Josef blendend aussah. Auch von seiner Mutter Rahel wurde gesagt, dass sie schön von Gestalt und Angesicht war (1. Mose 29,17). Schönheit ist für das Alte Testament nicht nur eine Äußerlichkeit, sondern ein wichtiges Attribut des Menschen, der unter dem Segen Gottes steht.[13]

Wenn ich sage, dass Gottes Segen in gewisser Weise auch attraktiv und sexy macht, dann ist das kein Witz. Es ist für manche geradezu verlockend, sich an einen Menschen, der mit Gott lebt, heranzumachen, weil er offensichtlich etwas ausstrahlt. Im Einklang mit Gottes Willen zu leben, verleiht Ausstrahlung, die anziehend macht.

Doch Josef bleibt ganz cool und standhaft. Eigenartig. Völlig gegen den Mainstream. Jede mit jedem ist doch längst salonfähig – oder? Aber es schafft eine Menge Probleme – bis heute. Josef hat einen klaren Standpunkt, der auf zwei inneren Überzeugungen beruht.

Und an dieser Stelle sei deutlich gesagt: Wer keine festen inneren Überzeugungen in sich trägt, hat, wenn die Versuchung mit geballter Kraft auftritt, keine Chance. Nur klare Positionen versetzen in die Lage, standhaft zu bleiben. Bei Josef zeigt sich, dass er widerstehen kann. Er begründet seine Weigerung gegenüber dem eindeutigen Angebot zweifach. Einmal wäre es ein unerhörter Vertrauensbruch gegenüber

---

13   Vgl. dazu: Hans Jochen Boecker, *Die Josefsgeschichte – Mit einem Anhang über die Geschichte der Tamar und die Stammessprüche*, Neukirchen-Vluyn 2003, S. 32.

seinem Herrn. Zum anderen wäre es ein Bruch der allgemeinen Rechtsnorm, sowohl der menschlichen, als auch der göttlichen. Da blieb kein Verhandlungsspielraum.

Der Ehebruch wird nicht nur im Alten Testament scharf verurteilt, er galt auch bei anderen Völkern und in anderen Religionen als schweres Delikt. Josef hofft mit dieser Begründung bei der Ägypterin auf Verständnis zu stoßen. Er weist sie eindringlich zurück. »*Ich habe genauso viel Macht wie er. Nur dich hat er mir vorenthalten, weil du seine Frau bist. Wie könnte ich da ein so großes Unrecht tun und gegen Gott sündigen?*« (1. Mose 39,9) Doch Potifars Frau lässt nicht locker. Sie redete auf ihn ein. Tag für Tag, sagt der Text. Sie wird ihm geschmeichelt haben, ihm gesagt haben, dass es doch nichts mache und es doch auch keiner mitbekommen müsse. Aber im tiefsten spüren wir es: Ehebruch ist ein Vertrauensbruch. »Ich fühle mich betrogen«, bleibt einer der häufigsten Sätze, wenn das inkognito betriebene Spiel mit dem Geliebten oder der Geliebten auffliegt. Und genau das wollte Josef nicht: Seinen Herrn betrügen, der ihm vertraute. Seinem Gott Unehre machen, der spürbar mit ihm war.

Doch die Frau gibt nicht auf und als die Situation es zulässt, wird sie handgreiflich. Sie hält Josef an seinem Gewand fest und verlangt von ihm, dass er mit ihr schlafen solle. Josef sieht, dass alles Reden und Erklären nichts mehr nützt. Er lässt alles stehen und liegen und flieht. Dabei bleibt sein Obergewand in ihrer Hand zurück. Das zurückgewiesene Begehren schlägt jetzt in Hass um. Wenn sie Josef nicht haben kann, dann will sie ihn vernichten. Die Frau geht dabei durchaus geschickt vor. Sie kleidet ihre Beschuldigung in eine eindrückliche Geschichte; das Beweisstück – wieder ein Gewand, wie schon vorher gegenüber Jakob – hält sie dabei in der Hand. Zuerst bringt sie ihre Dienerschaft auf ihre Seite.

Ganz geschickt appelliert sie an die Neidgefühle der anderen Sklaven gegenüber ihrem Obersklaven, dem fremden Aufsteiger. »Dieser Hebräer, dieser Emporkömmling, wollte mich vergewaltigen.« Ihren Mann bringt sie in eine prekäre Lage. Sollte er ihre Version anzweifeln, stellt er sie und sich vor den Sklaven bloß. So wird der beschuldigte Josef erst gar nicht angehört. Wieder scheint Josef am gemeinschaftlichen Mobbing anderer zu scheitern, wieder wird seine Kleidung zum Zeugen gegen ihn missbraucht. Jakob betrog Isaak mit Fellen, seine Kinder betrügen ihn mit dem Prachtgewand, die Ägypterin betrügt mit dem Obergewand.

Doch Gott lässt sich durch dieses Fälschen und Täuschen nicht davon abbringen, weiter seine Geschichte mit Josef zu schreiben. Gott lässt sich auch durch Fälschung und Verleumdung in unserem Leben nicht davon abbringen, seine Geschichte mit uns weiterzuschreiben. Potifar jedenfalls entfernt Josef sofort aus dem Haus und lässt ihn ins Staatsgefängnis werfen. Das war eine vergleichsweise milde Strafe, denn er hätte die Möglichkeit gehabt, Josef hinrichten zu lassen. Das wäre nach dem Empfinden der damaligen Zeit eine angemessene Strafe gewesen. Warum es dazu nicht kam, darüber kann man nur spekulieren. Traute Potifar seiner Frau letztlich doch nicht? War ihm Josef so ans Herz gewachsen, dass er die Todesstrafe vermeiden wollte? Die Erzählung lässt vieles offen, weil sie den Fokus auf etwas anderes legt: Auf die Tatsache, dass auch in dieser Situation, in der Bewahrung vor dem Äußersten, offenbar wird, dass Gott mit Josef war. In Potifars Entscheidung wirkt Gott, der Josef an die Stelle bringt, wo er nach Gottes Plan weiterkommen wird.

Josef verhält sich loyal und bleibt ehrlich und trotzdem wird er als Krimineller eingesperrt. Das Leben ist nicht gerecht. »Mancher Mann denkt da vielleicht: Josef hätte seinen Job behalten und dazu noch Spaß haben können; jetzt hat er beides verloren.«[14] Ist der Ehrliche am Ende der Dumme?

Aber das waren nicht Josefs Gedanken. Er wusste, dass Gott auch in diesem Kerker bei ihm war. Er wusste, dass sein Gott genau mitbekommen hatte, was hier abgelaufen war. Wieder schaut Josef nicht zurück, wieder bemitleidet er sich nicht. Wieder packt er an, was vor ihm liegt. Der Schluss des Kapitels bestätigt eindrucksvoll, dass Josef ein Mann des Gelingens war: *Aber der Herr war auf Josefs Seite und sorgte dafür, dass der Gefängnisverwalter ihm wohlgesinnt war. Josef wurde zum Aufseher über die Gefangenen ernannt; er war nun verantwortlich für alles, was im Gefängnis geschah. Der Verwalter brauchte sich um nichts mehr zu kümmern. Er vertraute Josef völlig, weil er sah, dass der Herr ihm half und ihm Erfolg schenkte* (1. Mose 39,21–23).

Josef spürt, dass Gott auch in dieser schwierigen Situation die Dinge in der Hand hat. Wenn Gott uns Gelingen schenkt, heißt das nicht, dass in unserem Leben alles glatt läuft. Aber es heißt, dass Gott mit uns ist, in Höhen und Tiefen. Gott führt uns manchmal abwärts, selbst wenn wir uns wie Josef nichts zu Schulden haben kommen lassen. Auch heute wird mancher Christ gemobbt, weil er ehrlich bleibt und nicht bei krummen Toren mitmacht. Auch heute gibt es manchen Karriereknick, weil man nicht mit jedem und jeder ins Bett gestiegen ist. Manchmal müssen wir in die Tiefe geführt werden, nicht weil wir Schuld haben. Viel zu oft denken wir in diesem Schema von Schuld und seinen Folgen; viel-

---

14 Harry Müller, *Damit das Leben Zukunft hat – Die Kunst, schwierige Zeiten zu bewältigen*, Holzgerlingen 2000, S. 18.

leicht müssen wir mache Ungerechtigkeit erleiden, damit wir später in der Höhe nicht überheblich werden?

Was können wir aus diesem Lebensabschnitt Josefs für uns mitnehmen?

Erstens, du darfst vergessen, was hinter dir liegt. Der Blick in den Rückspiegel, das Konzentriert-Sein auf die Vergangenheit, ist ein lähmendes und zersetzendes Gift.

Zweitens: Wenn du dich zu Gott bekennst, stellt er sich auch zu dir. Du wirst erleben, dass Gott mit dir ist.

Und schließlich: Es läuft nicht alles glatt. Aber auch auf rauen Wegstrecken entgeht Gott nichts. Er hat uns im Auge.

KAPITEL 4

Zu einem starken Leben gehören Siege über die eigene Seele und die eigene Lage. Wir müssen Enttäuschungen hinnehmen, aber wir dürfen niemals die Hoffnung aufgeben.

MARTIN LUTHER KING (1929-1968)

Träume, Gesichter und Deutungsrahmen

DREI THEMEN BESCHÄFTIGEN UNS IN diesem Kapitel. Das erste sind Träume. Nicht Lebensträume, Kinderträume, Sommernachtsträume oder Tagträume, sondern solche Träume, die uns schweißgebadet aus dem Schlaf reißen. Träume, die wir auch am Tag nicht loswerden, weil sie uns infiziert haben und nachgehen. Wir können sie nicht abschütteln, wir wissen nicht, was sie bedeuten, aber wir ahnen, dass sie nicht bedeutungslos sind.

Das zweite sind Gesichter. Genauer gesagt die Fähigkeit, in einem Gesicht zu lesen, jemanden anzusehen und etwas zu erkennen. Damit meine ich zunächst einmal den Entschluss, genau hinzusehen, selbst wenn es anstrengend ist und schmerzt, und dann die Fähigkeit, das Wahrgenommene zu beschreiben und zu deuten. Eine Fähigkeit, die in unserer Gesellschaft, in der man gerne »übersieht« und vor allem »wegsieht«, vom Aussterben bedroht ist, aber die wichtiger ist denn je.

Und als drittes geht es um einen Rahmen, genauer gesagt, den Deutungsrahmen unseres Lebens. Wie kann man Träume und Gesichter, ja wie kann man Versuchungen, Versagen und Unrecht, das einem widerfährt, deuten?

Um diese drei Aspekte geht es vorrangig im Kapitel 40 der Genesis.

1. Träume

Jeder Mensch, so haben Wissenschaftler herausgefunden, träumt Nacht für Nacht. Ein Fünftel, also 20 Prozent der Schlafenszeit ist mit Träumen ausgefüllt. Unser Unterbewusstsein verarbeitet Tageseindrücke, aber auch lange zurückliegende Ereignisse. Wenn wir im Schlaf die Kontrolle über unsere Gedanken verlieren, dann meldet sich unser Inneres im Traum. Dann wird es manchmal bunt oder es geht rund. Wir wollen weg, aber es gelingt nicht. Wir laufen auf der Stelle. Das Steuer unseres Autos gehorcht uns nicht mehr. Wir können plötzlich fliegen oder sind stark wie Simson. Wir finden den Koffer, den wir zur Abreise brauchen, nicht mehr. Wir stürzen in eine dunkle Schlucht, gesichtslose Schatten greifen nach uns usw. Ich erkenne in meinen Träumen bestimmte Muster, manche Episoden kommen immer wieder.

Der oberste Mundschenk und der Chef der Bäcker hatten richtig schlecht geträumt. Der Pharao hatte sie ins Gefängnis werfen lassen, weil sie sich etwas hatten zuschulden kommen lassen. Ob es das schlechte Gewissen war, was sie im Traum plagte? Jedenfalls zogen sie ihre Träume richtig runter. Sie waren nicht nur deprimiert, weil sie ihren Traum nicht deuten konnten – im Gefängnis konnten sie sich auch an keinen berufsmäßigen Traumdeuter wenden. In der ägyptischen Weisheitslehre gab es folgenden Spruch: »Gott hat die Arzneien geschaffen, um die Krankheiten zu heilen, den Wein, um die Traurigkeit zu vertreiben, und die Träume, um den Träumenden zu leiten, der die Zukunft nicht kennt.«[15] Und exakt das traf zu: Ihre Zukunft war höchst ungewiss! Und dann diese Träume! Nur zu gerne hätten sie gewusst, was sie bedeuten. Sie ahnten, dass in ihrem Traum eine wegweisende Botschaft verschlüsselt war.

Gibt es so etwas? Hat Gott schon einmal durch einen Traum zu uns gesprochen? Ich las, dass Georg Friedrich Händel den Schluss seines »Messias« im Traum erlebt haben soll und ihn dann niedergeschrieben hat. Der Chirurg Friedrich von Esmarch hatte 1880 einen Traum, in dem er sah, wie man das damals noch lebensgefährliche Amputieren von Gliedmaßen gefahrloser praktizieren konnte. Nachfolgende Experimente zeigten, dass sein Traum tatsächlich zu einem medizinischen Fortschritt führte.

Ich hatte einmal einen Kollegen, der schrieb jeden Morgen seine Träume sorgfältig auf. Er protokollierte akribisch jeden Traum. Das wir ihm so wichtig, dass er darüber auch Termine und Besprechungen vergessen konnte. Als ich ihm sagte, dass ich seine penible Traumaufzeichnung für zwanghaft und übertrieben hielt, konterte er mit der Frage, ob ich

15   Marion Pongracz, Inge Santner-Cyrus, *Das Königreich der Träume – 4000 Jahre moderne Traumdeutung*, Wien/Hamburg 1963, S. 23.

schon daran gedacht habe, dass Jesus sein erstes Lebensjahr nicht überlebt hätte, wenn sein Stiefvater Josef nicht auf seine Träume gehört hätte.

In der Tat erzählt die Bibel von vielen Menschen, zu denen Gott durch Träume gesprochen hat. Im Neuen Testament begegnen wir auch einem Traum, der jemanden fürchterlich aufgeschreckt hat. Es ist die Frau des Pilatus. Sie hat einen schlechten Traum wegen Jesus und sie warnt ihren Mann aufgrund ihres bösen Traumes. *Während Pilatus die Gerichtsverhandlung leitete, schickte seine Frau ihm eine Nachricht* (Matthäus 27,19). Und nun wird ihm diese Nachricht seiner Frau während der Gerichtsverhandlung hereingereicht und er liest: »*Unternimm nichts gegen diesen Mann [Habe nichts zu schaffen mit jenem Gerechten]. Er ist unschuldig.*« Sie hatte das Spiel durchschaut. Und dann steht da: »*Ich habe seinetwegen in der letzten Nacht einen fürchterlichen Traum gehabt.*« Und obwohl Pilatus spürt, dass seine Frau recht hat und er später selbst sagt, als er sich symbolhaft die Hände in Unschuld wäscht: »*Ich bin schuldlos an dem Blut dieses Gerechten*«, macht er einen großen Fehler. Manche Träume sollte man nicht unachtsam bei Seite schieben. Die Enthüllung der Wahrheit (*aletheia*) erfolgte nach Ansicht der Griechen vor allem im Schlaf.

Die Bibel kennt einige Arten von Träumen, zwei sind bedeutungsvoll: Der Botschaftstraum, durch den Gott Offenbarung oder Weisung erteilt, und der symbolische Traum, der der Deutung bedarf. Sie redet aber auch von flüchtigen, nichtssagenden Träumen.[16] Jakob träumt von einer Himmelsleiter. Salomo bekommt von Gott im Traum einen

---

16   Vgl. Psalm 73,20; Hiob 20,8; Prediger 5,2 und 6.

Wunsch freigestellt (1. Könige 3,5ff). Gott erscheint ihm im Traum und sagt zu ihm: »*Erbitte von mir, was du willst.*« Und Salomo wünscht sich ein weises Herz. Ein Herz, das auf Gott hört und Recht und Unrecht unterscheiden kann. Josef träumt, er solle Jesus als sein Kind annehmen, treu zu Maria stehen und mit beiden nach Ägypten fliehen. Paulus gehorcht einer Traumerscheinung. Er sieht im Traum einen Mann, der ruft: »*Komm herüber und hilf uns!*« So kommt das Evangelium nach Europa (Apostelgeschichte 16,9ff).

Es empfiehlt sich allerdings, vorsichtig mit schnellen Schlüssen und Konsequenzen aus unseren Träumen zu sein. Denn in der Bibel kann man auch lesen, dass nicht alles, was wir träumen, eine Offenbarung Gottes oder durch den Heiligen Geist gewirkt ist. Da können auch ganz andere Geister sprechen, deren Einflüssen wir uns ausgesetzt haben. Jeremia z. B. verweist mit bitteren Worten in Kapitel 23 darauf. »*Ich weiß ganz genau, was die Propheten reden. ›Hört, was euch Gott durch unsere Träume sagen will!‹ Und dann weissagen sie Lügen und berufen sich dabei auf mich.*« Also, den frommen Missbrauch der Träume gibt es auch. Es kann auch eine Strafe Gottes sein, wenn beispielsweise König Saul keine Antwort mehr durch Träume erfährt. *Als Saul das riesige Heer der Philister sah, packte ihn die Angst. Er fragte den Herrn um Rat, erhielt aber keine Antwort. Weder durch Träume, noch durch das Los, noch durch einen Propheten* (1. Samuel 28,5f.). Und dann kommt er in ganz üble okkulte Praktiken hinein. Er geht zu einer Frau, die Tote beschwören kann, und lässt sich durch den Geist des verstorbenen Samuel die Zukunft voraussagen.

Wie können wir mit unseren Träumen umgehen?

a) Wir können die Träume, die uns belasten oder die uns wichtig erscheinen, Gott im Gebet vortragen. Ganz einfach mit ihm darüber sprechen und in einer wachen Stille vor Gott darauf warten, ob er uns eine Deutung schenkt. Vielleicht gibt es einen Gedanken, der sich verfestigt; ein Bibelwort, das uns in den Sinn kommt und etwas klar macht. Oder, wenn uns in der Angst der Nacht ein böser oder merkwürdiger Traum aufschreckt, dürfen wir uns Gottes Verheißungen vorsagen.

b) Unsere Träume sind auch immer ein Zeichen dafür, dass wir nicht der Herr unseres Lebens sein können. Wenn uns schon unsere Träume nicht zur Verfügung stehen, wie viel weniger dann die Gedanken, die wir über unser Leben und das anderer Menschen haben, denen wir täglich begegnen.

c) Unsere Träume können uns zeigen, dass unser Gewissen spricht. Sie können auch Schuld offenbaren, darum dürfen wir sie nehmen und Gott bitten: »Wirf du dein Licht darauf!«

2. Gesichter

Nicht nur fromme Menschen träumen und erkennen darin eine Botschaft; der Tyrann Nebukadnezar und, wie bereits gesagt, die Frau des Pilatus und hier die zwei Ägypter, der Mundschenk und der Bäcker, tun das auch. Und damit sind wir wieder mitten in unserer Geschichte. Denn ein anderer, den seine Brüder mit dem Spitznamen »der Träumer« provoziert haben, war auch im Gefängnis. Josef sitzt unschuldig als Opfer einer Verleumdung dort, wo diese beiden königlichen Beamten sind. Weil sein Gott mit ihm ist, hat man ihm schon wieder Aufgaben anvertraut. Es gehörte zu seinen Aufgaben, den Mundschenk und den Bäcker zu bedienen. Jeden Tag sieht er ihre Gesichter. Beide wurden für die Zeit der Untersuchungshaft entsprechend ihrer Stellung bevorzugt behandelt.

Der Oberste der Mundschenken war der Verwalter des königlichen Weinkellers, vielleicht sogar der Oberste über den königlichen Weinanbau. Auf jeden Fall war er jemand, der wusste, was ein guter Tropfen war. Mit seinem Job war eine einzigartige Vertrauensstellung verbunden, denn er trug Sorge dafür, dass der Wein des Pharao nicht vergiftet wurde. Der andere Hofbeamte war der Oberste der Bäcker. Frische, knusprige und auserlesene Backwaren, das war sein Metier. Bäckerboss und Barkeeper waren in einen gefährlichen Sog hineingeraten.

Josef kommt zu den beiden und sieht: Hier stimmt etwas nicht. »*Was ist los mit euch? Warum seid ihr so bedrückt?*« (1. Mose 40,7) In einem Gesicht können wir eine Menge lesen. Gesichter erzählen Geschichten. Wir kennen die Redensart: Es steht dir ins Gesicht geschrieben. Gesichter sind gezeichnet von den Spuren der Vergangenheit und dem Erleben der Gegenwart. In 1. Mose 4 wird berichtet, dass Gott Kain ins Gesicht schaut und sagt: »*Warum blickst du so grimmig zu Boden? Ist es nicht so: Wenn du Gutes im Sinn hast, kannst du frei umherschauen. Wenn du jedoch Böses planst, lauert die Sünde dir auf.*« Es gibt Menschen, die können einem nicht offen ins Gesicht sehen, weil sie mit Vorbehalten, Wut oder Bitterkeit belastet sind.

In Sprüche 21,29 steht, dass der Gottlose ein freches Gesicht macht (Luther), und etwas weiter wird festgestellt: *Heimliches Geschwätz schafft saure/verdrießliche Gesichter* (Sprüche 25,23). Und daran schließt sich der bekannte Vers an: *Lieber allein in einer Dachkammer wohnen, als mit einer ständig nörgelnden Frau in einem prächtigen Haus.* Zorn, Geschwätz und Nörgelei verändern unsere Gesichtszüge.

Schauen wir uns also ins Gesicht, ja auch einmal tief in die Augen; nicht um zu verurteilen, um zu richten oder abzustempeln, sondern um etwas zu erfahren. »Mensch, wie geht es dir? Was macht dir Angst? Warum freust du dich so?« »Gesichtsdiagnostik« kann sehr hilfreich und offenbarend sein. Josef hat ein Auge für die anderen. Er sieht, wie es ihnen geht. Er sieht, dass sie etwas bedrückt. Er merkt, hier stimmt etwas nicht. Und er fragt nach.

Ich will uns Mut machen, bewusst in das Gesicht unseres Nächsten, unserer Frau, unseres Mannes, und unserer Kinder zu schauen und es zu lesen. Was sehen wir, wenn wir hinsehen? Haben wir offene Augen? Oder bleibt dafür keine Zeit mehr? Schauen wir dem anderen ruhig öfters ins Gesicht. Dann lernen wir auch Gesichter zu lesen.

Josef sieht, dass die beiden nicht gerade bester Stimmung sind. Und er nimmt sich Zeit und hört ihnen zu. »*Erzählt mir, was ihr geträumt habt.*« Das ließen sie sich nicht zweimal sagen.

Jesus ist hier ein überzeugendes Vorbild. Von ihm lesen wir, dass er die Menschen gesehen hat. Matthäus 9,9: *Als Jesus durch die Stadt ging, sah er den Zolleinnehmer Matthäus am Zoll sitzen* und er sieht ihn anders als die meisten seiner Zeitgenossen, die verächtlich auf diese Leute geschaut haben, weil sie mit den Römern kooperierten. Jesus sieht ihn an und sieht in ihm das Potential eines Menschen, der sein Reich bauen kann. Dann spricht er ihn an und sagt zu ihm: »*Folge mir nach!*«

In der tiefsten Stunde unseres Lebens, wenn wir schuldig geworden sind und Menschen ihren Blick von uns abwenden, dann wendet Jesu seinen Blick nicht von uns ab. Wir können sicher sein, er sieht uns in die Augen. Er hält Augenkontakt. So hat er das bei Petrus getan, als er ihn dreimal verleugnet hat. Lukas berichtet: *Da krähte ein Hahn. In diesem Augenblick wandte sich Jesus um und sah seinen Jünger an* (Lukas 22,61). Ich glaube nicht, dass da irgendetwas Vorwurfsvolles in den Augen von Jesus gewesen ist, wie Hass, Wut oder Verachtung. Ich glaube, Jesus sah Petrus mit Liebe und Erbarmen an.

Als Jesus am Kreuz hing und starb, da verschloss er nicht die Augen, weil ihn nicht mehr interessierte, was um ihn herum passierte. Er sieht seine Mutter und Johannes, die unter dem Kreuz stehen und fassungslos mitleiden. Er sieht sie in seinen Todesqualen an. Johannes berichtet: *Als Jesus nun seine Mutter sah und neben ihr den Jünger, den er lieb-hatte, sagte er zu ihr: »Er soll jetzt dein Sohn sein!« Und zu dem Jünger sagte er: »Sie ist jetzt deine Mutter!«* (Johannes 19,26)

Josef sah. Jesus sah. Machen wir es doch wie sie. Schauen wir nicht weg. Schauen wir unserem Nächsten in die Augen, vielleicht öffnet er uns dann sein Herz?

3. Deutungsrahmen

Der oberste Mundschenk und der oberste Bäcker hatten geträumt, aber sie konnten ihre Bilder nicht deuten. Sie ahnten, dass der Traum eine Botschaft für ihre persönliche Zukunft erhielt, doch im Gefängnis war es aussichtslos, an einen heranzukommen, der sie entschlüsseln konnte. *»Es gibt niemanden hier, der uns sagen könnte, was unsere Träume bedeuten.«* Das war ein Fiasko für sie. Für einen Ägypter hatten Träume eine überragende Bedeutung und die Auflösung durfte man nicht dem Zufall überlassen. Josef hört diese Klage: *»Es gibt niemanden hier ...«*, und doch springt er nicht auf, und sagt: »Leute, hört mal her, ich kann es!«

Er sagt (Vers 8): »*Nur Gott kann Träume deuten.*« Er sagt das so, als sei das keine große Sache, Träume zu deuten. So bekennt Josef schlicht, es ist Gottes Sache. Sie ist nicht an Sachverständige, an Menschen und auch nicht an ihn, Josef, gebunden. Nur Gottes Licht und sein Wort bringen Licht in unsere Zukunft und in die Zukunft dieser Welt. Alle anderen Deutungen unserer Zukunft sind nur vorläufig und viel zu unsicher. Ein echter Traumdeuter ist demütig genug, seine Grenzen anzuerkennen.

Im Buch Daniel lesen wir: *Nebukadnezar wandte sich an Daniel, der Beltschazar genannt wurde: »Kannst du mir denn wirklich sagen, was ich im Traum gesehen habe und was es bedeutet?« »Mein König«, erwiderte Daniel, »hinter dein Geheimnis kann keiner deiner Berater kommen, weder Geisterbeschwörer, noch Wahrsager noch Sterndeuter ...«* (Daniel 2,26f.).

Das ist eine unmissverständliche Feststellung, aber dann sagt Daniel einen bemerkenswerten Satz: »*Aber es gibt einen Gott im Himmel, der das Verborgene ans Licht bringt. Dieser Gott hat dich, König Nebukadnezar, in die fernste Zukunft blicken lassen ...*« (Daniel 2,28).

Wie kann man Träume und Gesichter, wie kann man Versuchungen, Versagen und Unrecht, das einem widerfährt, deuten? Wie kann ich meine Lebensgeschichte deuten, einen tieferen Sinn in dem Leid, der Ungerechtigkeit, die ich vielleicht wie Josef erdulden muss; oder in der Schuld, die ich auf mich geladen habe, erkennen?

Damit sind wir mitten in der Postmoderne, die manchen Deutungsrahmen längst preisgegeben hat. Vor allem den Bezug auf Gott; den Rückbezug auf eine absolute Größe, auf etwas, was außerhalb meiner Möglichkeiten liegt. Auf eine letzte Wahrheit. Man sagt nicht mehr, »*aber es gibt einen Gott im Himmel, der Geheimnisse offenbart«.* Diesen »Offenbarer« hat man abgeschafft. Er ist mit dem Besen der Vernunft aus unserer Welt der Erkenntnis hinausgefegt worden. Und doch komme ich zu falschen Deutungen, wenn ich Gott abschaffe. Denn dann ist nicht mehr klar, vor wem ich Verantwortung trage.

Josef macht hier deutlich: Ich trage zuerst Verantwortung vor Gott. Wer kann mir etwas über mein Leben offenbaren, Licht ins Dunkel bringen? Für Josef sind die Existenz eines Gottes und der Glaube an diesen persönlichen Gott der wichtigste Deutungsrahmen. Interessant ist doch, dass er zum Beispiel seine Weigerung, das eindeutige Angebot der Frau Potifars anzunehmen, zuerst mit dem Hinweis darauf begründet, dass dies ein Vertrauensbruch und Sünde gegenüber Gott ist und erst dann nennt er seinen Chef Potifar. Auch David sagt in Psalm 51, im Blick auf seinen Einbruch in eine fremde Beziehung, nämlich in die Ehe von Uria und Batseba: *Gegen dich, gegen dich allein habe ich gesündigt.* Gemeint ist Gott. Wenn wir Gott aus unserem Deutungsrahmen streichen, haben wir keinen Blick mehr für unsere Schuld. Dann wird sie relativ, zur Mitschuld, zur Bagatelle, zum Kavaliersdelikt, zum Reifungsdefizit. Aber vor Gott bleibt Schuld Schuld.

Als Josef sich später vor seinen Brüdern zu erkennen gibt (Kapitel 45) sagt er dreimal: »*Macht euch keine Vorwürfe, dass ihr mich verkauft habt, Gott wollte es so. Gott hat mich euch vorausgesandt. Nicht ihr habt mich hierher gesandt, sondern Gott.*« Wie kann man zu so einer Deutung kommen? Nur, wenn man Gott und seine Führung in seinen Deutungsrahmen einbezieht. Zu solch einer Deutung kann ein Mensch ohne Gottesbezug nicht mehr kommen. Ein solcher Deutungsrahmen macht klar, wem gegenüber ich Verantwortung trage und an wem oder was ich schuldig geworden bin.

Josef ist in der Lage, die Träume zu deuten, weil Gott ihm Einsicht schenkt. Dabei ist er nicht so weltfremd, dass er nicht auch weiß, dass Gott Menschen benutzen kann, um ihn aus dem Gefängnis zu bringen. Sicherlich hat er gedacht: Wenn der Mundschenk in drei Tagen hinter seiner Bar steht und die Drinks mixt, dann kann er doch ein gutes Wort für mich einlegen. Und darum bittet er den Mundschenk: »*Erzähl dem Pharao von mir und bitte ihn, mich hier herauszuholen*« (Vers 14). Er bittet um Fürsprache. »*Gestohlen, entführt bin ich aus dem Land der Hebräer*«, sagt er ihm. »Mensch, leg ein gutes Wort für mich ein, wenn du draußen bist.« Darf man seine Beziehungen benutzen? Ist es legitim, Vitamin B zu bemühen? Im Geschäftsleben, in der Schule, um eine Ungerechtigkeit ans Licht zu bringen? Natürlich, Josef saß zu Unrecht im Gefängnis. Aber die Geschichte macht eins klar: Ja, wir dürfen Menschen bitten, uns zu helfen, aber es geht trotzdem nach Gottes Plan. Es läuft nach Gottes Zeitplan. Er setzt in dem Chronos, dem Zeitlauf, den Zeitpunkt, den Kairos. Versuchen wir uns die Gedanken Josefs vorzustellen, einen Tag, eine Woche, einen Monat, ein Jahr nach der Freilassung des Mundschenken. Verkauft, verleumdet und vergessen bin ich – doch nicht bei Gott. Zwei Jahre dauert es, weil der Mundschenk nicht mehr an Josef denkt. Wie schnell vergessen wir im Alltag so manche Bitte von Menschen, auf die wir nicht angewiesen sind? Doch dann, endlich, als der Pharao träumt und große Aufregung herrscht, weil kein Experte weit und breit seinen Traum deuten kann, dann erinnert sich einer.

Träume, Gesichter und Deutungsrahmen. Wir werden im Leben mit all dem weiter zu tun haben. Vielleicht schärft die Geschichte von Josef unseren Umgang in Zukunft damit.

KAPITEL 5

Leitung, die sich auf Titel gründet, ist schwach.
Aber Leitung, die einen Sinn hat und andere zum
Mitmachen inspiriert, ist stark.

NEIL COLE

Eine steile Karriere

FÜR POTIFAR, DEN GEFÄNGNISAUFSEHER, DEN Mundschenk und den Pharao war der hebräische Hirtenjunge Josef
ein echter Volltreffer. Wo er auch hinkam, die Geschäfte
liefen blendend, die Träume wurden richtig gedeutet und die
Probleme wurden gelöst. Schließlich bringt er dem Pharao, ja
ganz Ägypten und darüber hinaus einer ganzen Weltregion
Segen. Sein kometenhafter Aufstieg wird in 1. Mose 41 erzählt.

Wenn jemand schon einmal von einer steileren Karriere
gehört oder gelesen hat als von dieser, dann sollte er es mich
wissen lassen. Leider gibt es manche Karriere, die nicht zum
Segen für denjenigen wird, sondern sich zu einem Fluch für
ihn selbst, seine Familie, seine Firma, seine Partei oder sein
Land auswächst. Josefs Karriere wurde allen zum Segen und
das hat Gründe.

Bisher habe ich mich sehr zurückgehalten, was Jahreszahlen und Zeiten betrifft. Doch jetzt möchte ich uns ein paar Zahlen zumuten, weil es hilft, die einzelnen Abschnitte im Lebenslauf von Josef zu sehen und den historischen Kontext zu verstehen. Ich betrachte die Erzählung über Josef nicht, wie viele Ausleger, als eine »weisheitliche Komposition« ohne jegliche historische Basis, sondern als ein tatsächlich geschehenes Ereignis.

Wenn wir die Verteidigungsrede des Stephanus im Neuen Testament, in der Apostelgeschichte 7, anschauen, erstaunt es, wie er, konzentriert auf die wesentlichen Fakten, die Josefsgeschichte in seine Argumentation einbaute. Für ihn und für die Juden damals und für die frühen Christen gab es keinen Anlass, die Geschichte von Josef als unhistorisch zu betrachten.

Wir schreiben das Jahr 1899 v. Chr. Ein junger Mann kommt unfreiwillig nach Ägypten. 17 Jahre ist er alt. Sein Vater Jakob ist 108 Jahre und sein Großvater Isaak 167 Jahre alt. Alle Träume, die ein Teenager mit 17 hat, scheinen sich mit einem Schlag erledigt zu haben, denn mit einem Mal ist er ein rechtloser Sklave. Keine Frage, mit 17 Jahren hat man Lebensträume. Jeder, der sich in diesem Alter befindet, hat seine Ziele, seine Hoffnungen und Wünsche. Und es ist gut, wenn wir unsere Vorstellungen haben und sie Schritt für Schritt umsetzen und dabei mit Menschen unseres Vertrauens in einem begleitenden Gesprächsprozess stehen. Und es ist gut, wenn wir sie in unseren Gebeten ganz einfach mit Gott besprechen wie mit einem guten Freund.

Vielleicht gehen wir spazieren und sprechen dabei mit Gott und sagen ihm: »Lieber Vater im Himmel, du kennst meine Sehnsüchte und Wünsche, lass mich deinen Weg für mein Leben erkennen und lenke meine Entscheidungen.«

Für so ein Gebet braucht keiner zu warten, bis er 17 ist. Ein solches Gebet kann man auch schon früher mit 11, 12 oder 15 Jahren sprechen. Es ist gut, frühzeitig eine Entscheidung für Jesus zu treffen. Es ist mehr als nur gut, es ist das Beste, weil Jesus dann auf den Kreuzungen unseres Lebens dabei ist, und uns hilft, eine gute Richtung einzuschlagen. Das bewahrt vor manchen Umwegen und Irrwegen im Leben. Aber es gibt uns auch Mut und Selbstvertrauen, um neue Wege auszuprobieren und entschlossen weiterzugehen. Bei Josef war das so. Er hatte schon als junger Mann eine Beziehung zu Gott. Das spürten alle, die mit ihm zu tun hatten, an der Art, wie er seine Entscheidungen traf und seine Arbeit verrichtete.

Zehn Jahre arbeitet Josef als Haussklave, dabei geht es ihm relativ gut, denn sein Chef weiß ihn sehr bald zu schätzen, und darum vertraut er ihm alles an, auch die Aufsicht über die anderen Sklaven. Doch dann landet er durch eine Intrige im Gefängnis, weil er nicht bereit ist, mit der Frau seines Chefs ins Bett zu steigen. Inzwischen ist er 27 Jahre alt und sitzt im Staatsgefängnis.

Mit 27 Jahren, in der Blüte seines Lebens, ist Josef im Gefängnis, weil er keine faulen Kompromisse gemacht hat. Jetzt hat er noch einmal seine Freiheit verloren, dazu seine Vertrauensstellung bei Potifar.

Josef saß fest. Wir haben uns gefragt, wie er sich wohl gefühlt hat, als der Mundschenk nichts von sich hören ließ, nach einer Woche, nach einem Monat, nach einem Jahr. Josef hatte ihm doch geholfen, ihm gesagt, dass er zu Unrecht hier saß, und gebeten, er möge doch beim Pharao ein gutes Wort für ihn einlegen. Aber es tat sich nichts.

Manchem geht es mit 27 Jahren ähnlich. Auch wenn es bei uns wahrscheinlich längst nicht so dramatisch ist. Aber in dieser Lebensphase kann es richtig anstrengend sein: Erste

Herausforderungen im Beruf oder die Suche nach dem richtigen Partner, Prüfungen, Examen; oder wir machen unsere Grenzerfahrungen in der Rolle als Ehepartner und Eltern mit kleinen Kindern. Oder wir spüren allmählich, wenn wir unsere Berufs- und Studienabschlüsse schon in der Tasche haben und auch gut verdienen, dass Erfolg und Geld nicht alles sind. Es gibt Zeiten, in denen unsere Freiheit beschränkt ist. Es ist wichtig zu lernen, mit Grenzen und Einschränkungen zu leben. Doch es gibt Grenzen, die Freiheiten bewahren, und es gibt Grenzen, die uns kaputt machen. Welche Einschränkung oder Begrenzung macht uns heute zu schaffen? Gibt es einen »Freiheitsentzug« in unserem Leben? Gibt es vielleicht sogar Süchte oder Abhängigkeiten, die uns fesseln und uns wie in einem Gefängnis festhalten?

Josef musste lernen, in dieser Tristesse mit Grenzen zu leben, und das müssen viele lernen. Das ist eine harte Schule, doch wieder macht Josef das Beste daraus. Denn er resigniert nicht, obwohl ihn der Mundschenk völlig vergessen hat.

Jetzt, zwei Jahre später, mit 30 Jahren (1. Mose 41,46), etwa im Jahr 1886 v. Chr., wird der ausländische Sklave Josef plötzlich aus dem Gefängnis geholt. Wie das? Der Pharao wusste nicht mehr weiter, seine Wahrsager und Gelehrten konnten nicht helfen und dann erinnerte sich einer – der Mundschenk. Er hatte sein Versprechen nicht eingelöst. Da meldete sich der Mundschenk beim König: *»Heute muss ich mich an ein Unrecht erinnern, das ich begangen habe«* (1. Mose 41,9).

Ja, manchmal dauert es ein bisschen, bis wir unsere Versprechen einlösen. Aber es ist gut, wenn wir es dann doch endlich tun, auch wenn schon einige Jahre ins Land gegangen sind. Von diesem Moment an, vom 30. Lebensjahr an, verändert sich das Leben von Josef ein zweites Mal dramatisch. Als Pharao diese Information von dem Mundschenk hat, lässt er Josef sofort aus dem Gefängnis holen.

Mit einem Schlag hat Josef seine äußere Freiheit wieder und das ist längst nicht alles. Gott packt da noch einiges drauf. Jetzt beginnt eine unglaubliche Karriere, ein steiler Aufstieg. Aus dem Nichts wird ein ausländischer Sklave zu einer der bedeutendsten Personen des Landes. Josef wird Vizekanzler im Kabinett des Pharao.

Vermutlich im selben Jahr stirbt sein Großvater Isaak mit 180 Jahren. Doch davon weiß er nichts. Sein Vater Jakob ist inzwischen 120 Jahre alt, doch seit 13 Jahren besteht keinerlei Kontakt mehr. Jakob glaubt, dass sein Sohn tot ist. Und es wird noch neun weitere Jahre dauern, bis er seinen Lieblingssohn Josef wiedersieht. Jakob hat keine Ahnung, dass Josef jetzt der zweitmächtigste Mann in Ägypten ist. Und Josef weiß nicht, ob sein Vater noch lebt und wie es seiner Familie geht. Genauso lange hat er keinerlei Kontakt mehr zu seinen Brüdern. Und doch hat er sie alle nicht vergessen.

Vielleicht kennen wir solche Phasen auch aus unserem Leben. Zeiten, in denen der Kontakt unterbrochen wurde und schließlich ganz abgebrochen wird. Manche haben über Jahre keine Kommunikation mehr mit ihren Kindern oder ihren Eltern gehabt. Manche Menschen trifft so etwas ohne eigenes Verschulden wie Josef. Und so haben wir uns aus den Augen verloren, vielleicht nicht einmal aus dem Herzen, aber man hat keine Möglichkeit gesehen und gehabt, um anzuknüpfen; es gab keine Chance, um auf den anderen zuzugehen. Die Geschichte von Josef zeigt uns, dass Gott das tun kann, was wir oft nicht mehr tun können. Gott kann Menschen wieder zusammenbringen. Gott kann wieder einen Anknüpfungspunkt schenken. Gott kann Versöhnung schenken, einen wirklichen Neuanfang. Gott wäre nicht Gott, wenn er das nicht könnte.

Als Josef aus dem Gefängnis kommt, fingen wohl die sieben fetten/fruchtbaren Jahre an, gefolgt von den sieben Hungerjahren (1886–1872 v. Chr.). Diese Jahre fallen in Ägypten in die Zeit der bedeutenden 12. Dynastie des Mittleren Königreiches. Sie begann 1991 v. Chr. und dauerte 205 Jahre (bis 1786 v. Chr.). Seit 1897 v. Chr. war Sesostris II. an der Macht. Demnach legte Josef die Träume Sesostris' aus und diente ihm als hoher Regierungsbeamter. Sesostris brachte außergewöhnlich viele asiatische Geschäftsleute und Sklaven zur Arbeit nach Ägypten. Dass Ausländer am ägyptischen Hof zu höchsten Würden aufstiegen, war nichts Ungewöhnliches; amtliche ägyptische Urkunden erwähnen diese Tatsache. Dabei konnten die Umstände, wie die Geschichte von Josef zeigt, sehr verschieden sein. Jedenfalls war Josef wegen seiner ethnischen Herkunft nicht unwillkommen.

Die herausragende Leistung Sesostris' war sein Landgewinnungs- und Flutkontrollprojekt im Faijum-Becken. Eines der Hauptprojekte war ein Kanal, der die Faijum-Oase mit dem Nil verband, um sie zu entwässern. Im Altertum war das Gebiet der Oase fast ganz von einem riesigen See bedeckt. Die Ruinen dieses Kanals heißen bis zum heutigen Tag Bahr Jusuf, Fluss des Josef. Es könnte also sein, dass sich in dieser Bezeichnung ein Beitrag Josefs an den Projekten Sesostris' erhalten hat.

Trotz einer gewissen Ungenauigkeit in der ägyptischen Chronologie ist die Rekonstruktion durchaus denkbar: Der biblische Text berichtet, dass es vor der siebenjährigen Hungersnot sieben Jahre lang Rekordernten gab, die wahrscheinlich erst nach Josefs Entlassung aus dem Gefängnis angefangen haben. Bemerkenswert ist, dass ägyptische Dokumente berichten, es habe bei Regierungsantritt von Sesostris III. (1878–1843 v. Chr.) eine längere Hungerzeit gegeben. Demnach starb Sesostris II. am Ende der Rekordernten.[17]

Wie gesagt, Josef ist 30 Jahre alt, und mit einem Schlag verändert sich sein ganzes Leben. Josef deutet die Träume des Pharao und gibt ihm den Rat (Vers 33), einen sachkundigen, umsichtigen und weisen Mann zu ernennen und ihn zur Vorbereitung auf die mageren Jahre mit einem Projekt zu betrauen, das ganz Ägypten umfasst.

Der Ökonom Tomáš Sedláček bezeichnet die Auslegung des Traumes von Josef »als eine Art makroökonomische Vorhersage«, die zum »allerersten Konjunkturzyklus der Geschichte« führt und ausgerechnet mit einem Mysterium im Zusammenhang steht, dem Traum des Pharao.[18] Auf sieben Jahre des Überflusses sollen sieben Jahre lang Missernten und Mangel kommen. Josef schlägt darum vor, in den fruchtbaren Jahren ein Fünftel der Ernte als Steuern zu erheben und in Kornspeichern zu sammeln (Vers 35). Sedláček, der während der Amtszeit des tschechischen Präsidenten Vaclav Havel als dessen Berater tätig war, merkt zu dieser Besteuerung an:

»Moderne Staaten besteuern ihre Bürger interessanterweise mit einem viel höheren Gesamtsatz, doch es gelingt ihnen nicht, zu zyklisch ausgeglichenen Budgets zu kommen. Es gibt Länder, die seit Jahrzehnten keinen Haushaltsüber-

---

17 Vgl. dazu: Eugene H. Merrill, *Die Geschichte Israels. Ein Königreich von Priestern*, S. 106–115: *Die Erzählung über Josef*, Holzgerlingen 2001.

18 Tomáš Sedláček, *Die Ökonomie von Gut und Böse*, München 2013, S. 87, 89 und 126.

schuss zustande gebracht haben.«[19] »Josef hatte bei der Vermittlung dieser einfachen Botschaft mehr Erfolg als die heutigen Ökonomen mit ihren (zu) ausgefeilten Modellen.«[20]

Dem Pharao gefällt der pragmatische Lösungsansatz des Traumdeuters so gut, dass er Josef selbst zum Wesir von Ägypten und damit zum zweitmächtigsten Mann im Staat macht. Er begründet seine Entscheidung für Josef mit dem Hinweis (Vers 38), dass in Josef der Geist Gottes wohne. Josef hatte von Gott Erkenntnis und Einsicht geschenkt bekommen, und das konnte man an seinen Vorschlägen zur Lösung der Krise spüren.

Und so setzt der Pharao Josef in sein Amt ein. Diese Investitur ist sehr interessant. Das Ganze ist ein höchst erstaunlicher Vorgang, den man sich historisch kaum vorstellen kann. Aber Josefs Amtseinsetzung war eine Inszenierung, die für alle sichtbar machen sollte, was geschehen ist. Zunächst gibt der Pharao Josef *seinen* Siegelring. Damit wird die unglaublich große Erhöhung Josefs zum Ausdruck gebracht. Er ist der wichtigste Mann nach dem Pharao. So, als würde uns eine Bank eine Kreditkarte geben, die kein Limit hat. Dann wird Josef mit kostbarer Leinwand, mit Byssus, bekleidet. Byssus war ein besonders feines Leinengewebe, das in Ägypten hergestellt und auch von dort ausgeführt wurde. Also edelste Designerkleidung für Josef. Und schließlich legt ihm der Pharao eine goldene Kette um den Hals. Diese Kette war mehr als ein Schmuckstück, sie war ein Zeichen der Macht und der Autorität. All das machte für jeden die herausragende Position sichtbar, in die Josef erhoben wurde.

---

19 Ebd., S. 88.

20 Ebd., S. 398.

Schließlich erhält Josef noch einen Dienstwagen, den zweiten Wagen des Pharao, sagt der Text, einen von Pferden gezogenen Streitwagen. Im Grab des Tutenchamun hat man einen derartigen Wagen gefunden. Und vor dem Wagen sollte ausgerufen werden: »*Werft euch vor ihm nieder und ehrt ihn*« (Vers 43).

Und dann geschieht noch etwas Bedeutendes. Pharao verleiht Josef einen neuen Namen. Er nennt ihn Zafenat-Paneach, das bedeutet »Erhalter oder Retter der Welt«, andere meinen, der Name hieße »Gott lebt und er redet«.[21] Ist das nicht erstaunlich? Welcher Deutung man sich auch anschließt, dieser Name wird zum Programm für Ägypten. Jede Namensgebung schafft eine neue Realität. Wer einen Namen verleiht, krönt damit einen Realisierungsakt. Eine Namensgebung verleiht Sinn und ordnet zu.

Und schließlich wird Josef noch verheiratet mit der Tochter des Priesters von On, der damals eine ähnliche Stellung wie der Bischof von Rom in der alten Kirche hatte. Er wird also hoffähig gemacht und sehr geehrt, da die Priester die höchste Kaste bildeten. So kommt Josef aus der untersten Kaste der Hirten in die oberste der Priester. Der Staatsmann Josef wird also Ehemann und auch bald Vater von zwei Söhnen, Manasse und Ephraim. Die Namensgebung seiner Kinder nutzt Josef, um eine wichtige Feststellung zu machen. Manasse heißt: »Gott hat mich mein Elend vergessen lassen«, damit wird angespielt auf den schweren Weg, den er gehen musste – verkauft, verleumdet, in ein Gefängnis gesteckt und vergessen – jedenfalls für lange Zeit. Aber das ist jetzt vorbei.

---

21   Gleason L. Archer, *Einleitung in das Alte Testament*, Band. 1, Bad Liebenzell 1987, S. 138–139.

Den zweiten [Sohn] nannte er Ephraim (»Kindersegen«), denn er sagte: »Gott hat mir im Ausland Kinder geschenkt« (1. Mose 41,52).

Es ist klar, dass all das einen Menschen verändert. Schon manche Politiker oder Unternehmer sind abgestürzt, weil ihr Aufstieg zu steil war.

Josefs Aufstieg war rasanter als irgendein anderer. Seine Karriere wurde jedoch allen zum Segen. Wie viele hätten bald die Bodenhaftung verloren und wären in einen Höhenrausch gekommen? Macht kann eine Droge werden. Auch an weit weniger Macht kann man sich berauschen. Macht kann uns hart, kalt und gefühllos werden lassen, hochmütig, starrsinnig und arrogant. Macht wird immer zu einer Reifeprüfung. Ob man ihr erliegt und von ihr verführt wird, oder ob man an ihr reift und seine Macht für andere einsetzt so wie Josef, das liegt nicht zuletzt auch an unserem Deutungsrahmen.

Hier wird es noch einmal in aller Schärfe klar. Wer weiß, dass er unter Gott steht, dass er selbst von einem souveränen Gott abhängig ist, der kann diese Prüfung bestehen. Dies zeigt sich jetzt bei Josef im weiteren Verlauf der Geschichte. Josefs Arbeit wird zum Segen für Ägypten und darüber hinaus auch für andere Völker, die jetzt durch ihre Not getrieben kommen, um sich in Ägypten Getreide und damit Leben kaufen zu können. Damit wird Josef zu einem Staatsmann, den Gott zur Rettung der gesamten Region gebraucht.

»Abrahams Enkel Josef lernte auf seinem Lebensweg, dass Gott ihn (als Einzelperson) und sein Volk erwählt hatte, für alle anderen Völker der Welt ein Segen zu sein.«[22]

Es gibt manche Karriere, die nur sich selbst kennt und darum nicht zum Segen, sondern zum Fluch wird. Josef hatte seine Lektionen früh gelernt und seine Weichen entsprechend gestellt. Weil Josef schon mit 17 Jahren seinem Gott vertraute, konnte er als 30-Jähriger vor dem Pharao stehen und ein ganzes Volk führen. Es gibt nur ein Geheimnis seines Lebens: Gott war mit ihm. Das kann auch das Geheimnis unseres Lebens werden.

---

22 Vishal Mangalwadi, *Das Buch der Mitte – Wie wir wurden, was wir sind: Die Bibel als Herzstück der westlichen Kultur*, Basel 2014, S. 248.

KAPITEL 6

Man begegnet sich immer zweimal im Leben

»MAN BEGEGNET SICH IMMER ZWEIMAL im Leben.« Es ist gut, diese sprichwörtliche Lebensweisheit bei seinen Begegnungen im Hinterkopf zu haben. Denn wie unsere zweite Begegnung aussieht, ob dabei Freude, Besorgnis oder sogar Angst in uns schwingen, hängt sehr davon ab, wie wir uns in der ersten Begegnung verhalten oder benommen haben; wie wir aufgetreten sind und was wir getan, gesagt oder leider nicht getan oder gesagt haben. Manchem Menschen hoffen wir vielleicht insgeheim nie wieder zu begegnen.

Das 42. Kapitel von 1. Mose markiert einen Szenenwechsel in der Josefsgeschichte. Standen bisher die dramatischen Ereignisse im Leben von Josef im Fokus, so rückt jetzt seine Familie wieder ins Blickfeld, seine Brüder und sein Vater Jakob. Gott beginnt, das zusammenzuführen, was zusammengehört. Gott fädelt die entscheidenden Begegnungen zwischen Josef und seinen Brüdern ein. Das, was durch das Fortschreiten des Lebens einfach verdrängt, vielleicht auch teilweise verarbeitet und vergessen war, auf beiden Seiten, das kommt unangemeldet, mit einer unausweichlichen Wucht wieder hoch.

Plötzlich, an einem nüchternen Werktag, ist Josef mit seinen Brüdern konfrontiert. Da stehen sie als Bittsteller vor ihm. Josef erkennt sie sofort. Automatisch wird das »Kopfkino« mit dramatischen Szenen gestartet sein. Alles spult sich vor ihm ab, wie ein böser Film. Seine verzweifelten Worte, mit denen er seine Brüder angefleht hat, ihn doch bloß nicht zu verkaufen. Vielleicht ist diese Szene im Zeitraffer an ihm vorbeigerauscht. Jetzt stehen sie ahnungslos vor ihm. Sein Herz rast, ihm wird ganz heiß und dann wieder eiskalt. Er muss seine Gefühle kontrollieren und sich zwingen, jegliche Reaktion zu unterdrücken. Wenn sie wüssten, dass es sich hier um ein Wiedersehen mit Josef, ihrem in die Sklaverei verkauften Bruder, handelt ...

Es liegt eine Spannung im Raum und es entwickelt sich ein Gespräch mit sehr unterschiedlichen Voraussetzungen. All die merkwürdigen Fragen, die dieser strenge Herrscher ihnen stellt, irritieren sie, denn sie erinnern an ihre Vergangenheit und an ihre Schuld.

Wenn lange Verdrängtes plötzlich hochkommt, dann wühlt das einiges in uns auf. Das, was sich über Jahre abgesetzt hat wie der Schmutz und Schlamm in einem See; das, was ganz unten liegt, wird aufgewirbelt und trübt meine Sicht. Meine Gedanken und Gefühle kommen durcheinander. Mit einem Mal sind wir wieder mittendrin in der Geschichte, von der wir dachten, dass wir sie abgeschüttelt hätten. Vielleicht kennen wir das nur zu gut aus dem eigenen Leben.

»Es gibt eine Auferstehung der Sünden«, sagen manche. Stimmt das denn? In jedem Fall können wir unsere Vergangenheit nicht auslöschen, unsere familiären Beziehungen nicht für ungültig erklären und unsere Taten nicht ungeschehen machen. Keiner kann das.

Gott lenkt auch unsere Begegnungen, davon bin ich überzeugt. Ich habe schon erlebt, dass Gott selbst bis in die Details Begegnungen mit Menschen vorbereitet und führt. Manchmal muss Gott uns mit bestimmten Menschen wieder zusammenbringen, damit etwas ans Licht kommt; damit Unrecht bereinigt und vergeben werden kann, damit Beziehungen wieder heil werden können. Vielleicht auch, damit unser Recht wieder hergestellt wird.

Doch zerbrochenes Vertrauen lässt sich nicht so einfach wieder herstellen. Das wird jetzt deutlich. Da braucht es noch einige Begegnungen, bis die Brüder wieder miteinander klarkommen. Vertrauen muss in oft mühsamen und schmerzhaften Schritten zurückgewonnen werden. Josefs widersprüchliches Verhalten im Aufeinandertreffen mit seinen Brüdern offenbart, wie zerrissen wir sein können, wenn wir herausgefordert sind, das Unrecht, das man uns angetan hat, zu vergeben. Wenn die unvorhersehbaren Wendungen des Lebens uns zwingen zu entscheiden, ob wir Vergeltung üben, Rache nehmen, oder ob wir Barmherzigkeit und Liebe zeigen. Diese Geschichte zeigt uns, dass es jedes Mal ein Kampf ist, eben nicht Gleiches mit Gleichem zu vergelten, sondern zu segnen, wo wir verflucht werden.

Zunächst wird erzählt, wie die schwere Hungersnot auch das Land Kanaan erreichte (1. Mose 42,1–5). Es muss sich herumgesprochen haben, dass es in Ägypten Getreide zu kaufen gab. Überhaupt galt Ägypten als die Kornkammer. Auch von Abraham wird erzählt, dass er wegen einer Hungersnot in Kanaan nach Ägypten reiste (1. Mose 12,10–20). Jakob wird aktiv. Er muss etwas unternehmen, denn er trägt die Verantwortung für die Großfamilie und so gibt er die nötigen

Anweisungen. Seine Söhne gehorchen ohne Widerrede und machen sich auf den Weg nach Ägypten. Wieder wird einer der Brüder bevorzugt: Benjamin, der andere Sohn Rahels, wird nicht mit auf die gefährliche Reise geschickt. Es scheint so, als akzeptierten die Brüder diesmal die Begünstigung. Hatte sich ihre innere Gesinnung schon verändert? Und Jakob – konnte er immer noch nicht loslassen?

In einer zweiten Szene wird detailliert über das Zusammentreffen der weitgereisten Brüder mit Josef berichtet (1. Mose 42,6–25). Eingeleitet wird dieser Abschnitt über ihre Begegnung, indem Josef als Regent/Gebieter oder Machthaber vorgestellt wird. Dieser Titel kommt in der Josefsgeschichte nur hier vor und er macht an dieser Stelle deutlich, in welcher Position Josef sich befindet, als es zur Begegnung mit seinen Brüdern kommt. Da gab es ein Machtgefälle, wie es größer nicht hätte sein können. Auf der einen Seite Menschen, die vom Hungertod bedroht waren. Und auf der anderen Seite ein Regent, dessen Entscheidung Leben oder Tod bedeuten konnte. Kein Wunder, dass seine Brüder diesen Machthaber nicht als ihren Bruder identifizieren konnten. Aber er erkannte sie sofort. Ob er wohl heimlich darauf spekuliert hatte, dass auch sie hier auftauchen würden, um Korn zu kaufen? Aus dem ersten Buch Mose 41,57 geht hervor, dass sie nicht die einzigen waren, die aus Kanaan angereist kamen, um Getreide zu kaufen. Bedeutend ist 1. Mose 42,6b: *Und die Brüder Josefs kamen und beugten sich vor ihm nieder, mit dem Antlitz zur Erde.* Jetzt erfüllte sich exakt das, was durch Josefs Träume angekündigt war. Die Brüder stehen vor Josef und bringen ihm ihre Untergebenheit zum Ausdruck.

Dann beginnt ein strenges Verhör mit dem ägyptischen Regenten. Josefs Beschuldigung: *Ihr seid Kundschafter* (Vers 9) war keineswegs aus der Luft gegriffen. Zur Sinai-

halbinsel hin war das ägyptische Reich durch keine natürliche geografische Grenze abgeschirmt. Diese Region war
eine offene und unübersichtliche Grenze, die die Ägypter
zwar stets zu sichern versuchten, doch es gelang ihnen nie
vollständig. Immer wieder kamen ausländische Spione über
diese Grenze.

Die Brüder Josefs wehren sich gegen die Anschuldigung,
Spione zu sein. Sie tun das, indem sie sehr offen von ihrer
familiären Situation erzählen, sozusagen als Beweis ihrer
Integrität. »Hör zu, wir haben nichts zu verbergen, wir sind
kein wilder Nomadenstamm.« Und so erwähnen sie ihren
Vater, ihren zu Hause gebliebenen Bruder und – ist das nicht
erstaunlich – sie sagen sogar: »*Wir waren zwölf Brüder ... und
einer von uns lebt nicht mehr*« (Vers 13).

Doch Josef bleibt dabei, dreimal bekräftigt er seine Dro-
hung und betont, dass sie Kundschafter seien. Dazu unterstreicht er seine Überzeugung noch mit einem zweifachen
Schwur beim Leben des Pharao: »So wahr der Pharao lebt.«
Damit bleibt für die Brüder kein Zweifel: Ihr Leben ist in
Gefahr, denn mit Spionen ist man zu allen Zeiten nicht zim-
perlich umgegangen. Sie sind in der Hand dieses ägyptischen
Machthabers und wenn sie diese Etikettierung »Spione« nicht
loswerden, dann ... ja dann haben sie keine Zukunft mehr.

Warum Josef trotz ihrer Erklärungen so hart und abwei-
send reagierte, wird von den Bibelauslegern unterschiedlich
gedeutet. Kam jetzt die ganze Bitterkeit in Josef hoch? All die
Kränkungen und Demütigungen, die er ihretwegen über sich
ergehen lassen musste; bestimmten sie jetzt seinen Ton und
sein Handeln?

Wenn wir uns die Geschichte vor Augen halten, dann
müssen wir allerdings zugeben, dass es verständlich und
normal war, wenn Josef nicht mit einem Mal all sein Miss-

trauen beiseiteschieben konnte. Hatten seine Brüder sich wirklich geändert? Wäre es klug, sich ihnen jetzt zu erkennen zu geben? Wäre es nicht besser, sie zu prüfen? Das Vertrauen zu ihnen musste erst erneuert werden.

Vertrauen, das enttäuscht, bitter enttäuscht wurde, kann nur sehr langsam und behutsam wachsen. Dass Josef sich nicht einfach eiskalt rächte, sondern seinen Brüdern dann nach Monaten oder vielleicht sogar Jahren vergeben konnte, gelang nur, weil er in Gottes Seelsorge stand. Irgendwann wurde ihm der Blick dafür geschenkt, dass es Gottes Fügung war, die ihn nach Ägypten geschickt hatte, und dass auch das Zusammentreffen mit seinen Brüdern zu seinem Plan gehörte. Zerstörtes Vertrauen kann man nicht einfach so wiederherstellen. Seine Brüder hatten ihn in die Sklaverei verkauft und einen Großteil seiner Jugend hatte er in einem ägyptischen Kerker verbracht, diese Wunde heilte nicht leicht. Obwohl er mittlerweile eine atemberaubende Karriere gemacht hatte, konnte er sich nicht sofort dazu durchringen, seinen Brüdern zu vergeben. Seine Tricks und Winkelzüge, auf die wir in den nächsten Kapiteln stoßen, zeigen nur allzu deutlich: Man kann nicht einfach einen Hebel umlegen, denn Vergebung ist ein übernatürlicher Akt. So ein Versöhnungsprozess gelingt nur, wenn man einen Blick bekommt, der Gottes Perspektive in seine Vergangenheit und Gegenwart einbezieht. Und das erfordert, dass man selbst in Gottes Seelsorge steht.

Die weltweite Finanz- und Wirtschaftskrise hat unser Vertrauen untergraben. Dabei ist die Grenze zwischen Unfähigkeit und Kriminalität nur schwer auszumachen. Und Vertrauen ist laut dem Trendforscher und Soziologen Matthias Horx unsere derzeit »knappste Ressource«. Doch ohne die Ressource Vertrauen können wir nicht leben. Ganz ähnlich war es hier: Josefs Brüder sind aus ihrer Sicht vom Hunger und der Rezension in die Arme dieses Herrschers getrieben worden und in diesem harten Verhör beschäftigt sie eine Frage: Wird er uns vertrauen oder nicht? Vertrauen war auch hier zur knappsten Ressource geworden. Und Josef wurde von der einen Frage umgetrieben: »Kann ich diesen meinen Brüdern, die mich so tief verletzt und enttäuscht haben, je wieder vertrauen?« Er hat sich die Beantwortung dieser Frage nicht leicht gemacht. Aber der Verlauf der Geschichte bringt es ans Licht: Seine Brüder hatten sich verändert.

Josef beginnt durch Gottes Führung eine Art Intensiv-Therapie; ein schonungsloses Seminar für seine Brüder zur Aufarbeitung ihrer Vergangenheit. Er will ihnen ihre Schuld noch einmal vor Augen halten. Und in der Tat, das gelingt ihm, denn die Brüder sagen ja aufgrund der Komplikationen in den Versen 21 und 22 zueinander: »*Jetzt müssen wir das ausbaden, was wir Josef angetan haben! Wir sahen seine Angst, als er uns um sein Leben anflehte, aber wir haben nicht gehört.*« »*Habe ich euch damals nicht gesagt, ihr solltet den Jungen in Ruhe lassen?*«, warf Ruben den anderen vor. »*Aber ihr habt nicht gehört. Jetzt müssen wir für seinen Tod büßen.*«

Manchmal ist es gut, sich noch einmal seine Fehler und Sünden, seine falschen Entscheidungen, bewusst zu machen. Dieser schreckliche Tag, an dem sie Josef kaltblütig verkauft hatten, lag immer noch wie eine schwere Last auf ihnen. Es gibt Schlüsselentscheidungen, die uns die Fröhlichkeit und Leichtigkeit des Lebens rauben. Josef hatte alles mitgehört und das hat ihn aufgewühlt, es setzte ihm zu. Sie wussten also, dass sie Schuld auf sich geladen hatten. Josef klinkt sich für einen Augenblick aus, er zieht sich zurück, weil er weinen muss. Diese Schuld steht also noch zwischen ihnen.

Als er seine Fassung wieder gewonnen hat und zurückkommt, bleibt er hart. Er weiß, gerade jetzt braucht es eine

Zeit des Nachdenkens für beide Seiten. Schuld kann nicht bagatellisiert werden. »Schwamm drüber!« »Nimm's nicht so tragisch!« Solche Sprüche helfen nicht. Josef lässt seine Brüder einsperren. Doch nach drei Tagen, einer Art Denkpause, in der sie eine Zeit der Not und Sorge durchlebt haben, mildert er seine Strafe und ändert seine Taktik. Er begründete dies mit der Feststellung: *»Ich bin ein Mann, der Ehrfurcht vor Gott hat«* (Vers 18). Darum will er ihnen eine Chance geben. Die Brüder sollen den Beweis ihrer Ehrlichkeit erbringen. Simeon muss als Geisel in Ägypten bleiben. Josef lässt ihn vor ihren Augen fesseln, um keinen Zweifel an der Durchsetzung seiner Worte aufkommen zu lassen. Benjamin, der jüngste Bruder, den sie erwähnten, soll bei einer erneuten Reise mitgebracht werden. Dann können sie ihm beweisen, dass sie die Wahrheit gesagt haben. Da gab es nichts zu verhandeln, sie mussten ohne Simeon die Heimreise antreten.

Auf ihrer Rückreise entdeckten sie dann noch, dass das Geld, mit dem sie bezahlt hatten, wieder in ihrem Sack war. Die Brüder beunruhigt dieser Fund. Das geht soweit, dass sie sagen: *»Warum hat Gott uns das angetan?«* (Vers 28). Es spricht vieles dafür, dass Josef dem Vater und damit den Brüdern etwas Gutes tun wollte. Wer aber in solchen Schuldverstrickungen steht wie die Brüder, der kann auch im Guten nur noch Böses sehen. Heimlichkeiten und Sünde versperren uns den Blick für das Gute. Schuld macht blind. Ja, sehr oft fühlen sich solche Menschen als Opfer, bedroht und angegriffen. Sie können alle Signale und Begebenheiten nur noch negativ, als Bedrohung und Anfeindung deuten. Sie erkennen überall zweifelhafte und böse Absichten. Schuld macht misstrauisch. Die Angst davor, dass etwas ans Licht kommt, macht unsicher.

Solche Menschen fühlen sich wie die Brüder Josefs in der Opferrolle. Sie glauben, ihr Schicksal läge in Menschenhänden, die mächtiger sind als sie, statt zu sehen und zu vertrauen, dass ihr Leben allein in Gottes Händen liegt.

Es stellt sich die Frage, was mehr Kraft in unserem Leben braucht, Schuld zu verheimlichen oder Schuld zuzugeben? David schreibt aus eigener Erfahrung: *Erst wollte ich dir, Herr, meine Schuld verheimlichen. Doch davon wurde ich so schwach und elend, dass ich nur noch stöhnen konnte. Tag und Nacht bedrückte mich dein Zorn, meine Lebenskraft vertrocknete wie Wasser in der Sommerhitze.* (Psalm 32,3f) So ging es den Brüdern von Josef mit ihrer Schuld.

Das Ende des 42. Kapitels (Verse 26–38) ist ziemlich traurig, obwohl die Brüder Josefs wieder zu Hause sind und Nahrung haben. Was die Brüder ihrem Vater berichten, drückt die Stimmung. Dabei schonen sie ihn noch. Sie erwähnen im Blick auf Simeon weder das Gefängnis noch die mit eigenen Augen erlebte Fesselung ihres Bruders. Aber die Forderung Josefs, den sie *der Mann, der im Lande Herr ist*, nennen, die offenbaren sie ihrem Vater: Sie müssen ihren jüngsten Bruder Benjamin zum Beweis ihrer Aufrichtigkeit nach Ägypten mitnehmen.

Doch damit stoßen sie bei Jakob auf erbitterten Widerstand. Dazu ist er nicht bereit. Er klagt vor ihnen über den Verlust von zwei Söhnen. Den drohenden Verlust von Benjamin wird er nicht hinnehmen. So kommt er zu der definitiven Entscheidung, trotz der Tatsache, dass sich Ruben mit dem Leben seiner beiden Söhne bei ihm verbürgt: »*Mein Sohn soll nicht mit euch hinabziehen*« (Vers 38). Damit scheint die Geschichte zu Ende zu sein. Jakob ist eines weiteren Sohnes beraubt.

Doch dann, gleich zu Beginn des 43. Kapitels, wird betont, dass die Hungersnot groß war. Schließlich war ihr Getreide fast aufgebraucht und so blieb ihnen keine andere Wahl, als erneut aufzubrechen. Schweren Herzens lässt Jakob sie ziehen. Jakob muss das, woran sein Herz so sehr hängt, loslassen. Er gibt Benjamin frei. Und noch etwas tut er: Er gibt ihnen Geschenke mit und das doppelte Geld. Und dann tut er noch etwas, was ihn als Patriarch auszeichnet: Er stellt seine Söhne, bevor sie losziehen, unter den Segen Gottes. Jakob weiß, dass alle menschliche Vorsorge nur dann zu einem guten Ziel führen kann, wenn Gottes Segen das menschliche Tun begleitet.

Jakob musste lernen, das, was er so gerne festhielt, loszulassen. Das ist ein Lernprozess, den wir irgendwann alle einmal beginnen müssen. In dem Lied »Jesus, nimm zu in meinem Leben«, heißt es: »Jeden Tag ein Stückchen sterben, loszulassen, was mich hält. Vieles muss noch anders werden, bis es passt in Gottes Welt.«[23] So war es bei Jakob, so ist es bei uns. Loslassen lernen müssen wir nicht erst im Alter. Jakob lässt los, damit Gottes Weg für seine Familie nicht blockiert bleibt. Er musste lernen, Benjamin freizugeben, um alle seine Söhne, einschließlich des geliebten Josef, zurückzubekommen. Hätte er das nur gewusst, wie gerne hätte er dieses Opfer gebracht. Doch das ist ja oft so. Wir halten fest, wir klammern, weil wir denken, wenn wir das verlieren, ist alles weg. Dabei gewinnen wir häufig erst, wenn wir loslassen. Erst wenn wir unsere Hände öffnen und das, was wir festgehalten haben, freigeben, erst dann kann Gott uns Neues in die

23 Text und Melodie: Albert Frey 2002 – *www.adams-frey.de*, Rechte: Freyklang (verwaltet von Gerth Medien Musikverlag).

Hände legen. Jakob wird in dieser schweren Abschiedsszene innerlich frei für die letzte Strecke seines Lebens, von der er noch nichts ahnt – und die zum Höhepunkt und zur Erfüllung seines Lebens wird, obwohl er seine Heimat verliert. Frei werden hat viel mit Festhalten und Loslassen zu tun.

Im Gleichnis vom verlorenen Sohn, das Jesus erzählt, lässt auch der Vater schweren Herzens los. Können wir loslassen? Wer an sein Kind glaubt und ihm etwas zutraut, kann loslassen. Wer misstraut, der klammert und macht die Grenzen eng. Wer Angst hat zu verlieren, der hält am Althergebrachten fest. Was sind wir für Väter und Mütter? Klammern wir? Erpressen wir? Drohen wir? Verhindern wir? Oder sind wir jemand, der freigibt, der ermöglicht; der sein Kind zu einer Reise aufbrechen lässt, damit Getreide und somit Leben nach Hause gebracht werden kann?

»Man begegnet sich immer zweimal im Leben.« Nicht immer trifft das zu, aber wenn es wahr wird, ist es gut zu wissen, dass unser Gott zusammenführen kann, was zusammengehört. Bei einer schwierigen zweiten Begegnung sollten wir im Auge haben, dass zerbrochenes Vertrauen oft in mühsamen und schmerzhaften Schritten zurückgewonnen werden muss. Wir können nicht einfach einen Schalter umlegen. Vertrauen darf wieder wachsen. Und es wächst am besten, wenn die Heimlichkeiten und Sünden ans Licht kommen. Im Licht Gottes verlieren sie ihre Macht. Für jede Begegnung unseres Lebens dürfen wir uns zur Regel machen, was Paulus an die Christen in Rom schrieb: *Vergeltet niemals Unrecht mit neuem Unrecht. Soweit es irgend möglich ist und von euch abhängt, lebt mit allen Menschen in Frieden. Liebe Freunde, verschafft euch nicht selbst Recht. Überlasst vielmehr Gott das Urteil, denn er hat ja in der Heiligen Schrift gesagt:*

»Es ist allein meine Sache, euch zu rächen. Ich, der Herr, werde ihnen alles vergelten« (Römer 12,17–19).

Beherzigen wir dies, dann ist auch die zweite und dritte Begegnung wahrscheinlich kein Problem.

KAPITEL 7

Nur eines könnte mich zum christlichen Glauben zurückholen, und es ist nicht die Zusicherung eines ewigen Lebens, es ist die Aussicht auf Vergebung. Nichts stelle ich mir schlimmer vor als eine Schuld, die ewig nagt, weil man sie nie wieder gut machen kann.

RETO U. SCHNEIDER, MAGAZIN »FOLIO«
DER NEUEN ZÜRCHER ZEITUNG

Wenn Vergebung durchbricht

MICHAEL LAPSEY WAR KAPLAN DES Afrikanischen Nationalkongresses (ANC),[24] dessen Aktivitäten drei Jahrzehnte in Südafrika per Gesetz als illegal eingestuft waren. Lapsey verlor seine Hände, ein Auge und das Trommelfell durch eine Briefbombe. Er sagt: »Die Menschen haben mich gefragt, wie ich überlebt habe, und meine einzige Antwort ist, dass ich irgendwie, in der Mitte der Bombardierung, fühlte, dass Gott anwesend war.«

---

24 Der ANC war die führende Bewegung gegen die Apartheid in Südafrika. Seit 1994 stellt er die Regierung. Sein bekanntester Politiker war Nelson Mandela.

Vusumzi Mcongo verbüßte eine zwölf Jahre dauernde Haftstrafe in Robben Island bei Kapstadt, Christo Brand war sein Wächter. Heute arbeiten beide im Gefängnismuseum. Sie sagen: »Es gibt keine Bitterkeit zwischen uns.«

Tom Tate wurde als britischer Pilot 1945 über Huchenfeld bei Pforzheim abgeschossen. Fünfzig Jahre später kehrte er dorthin zurück. Er sagt: »Freundschaft lädt zum Verzeihen ein.«

Eva Kor wurde mit ihrer Zwillingsschwester im Alter von zehn Jahren ins Konzentrationslager nach Auschwitz deportiert, wo der Arzt Josef Mengele sie zu medizinischen Experimenten missbrauchte. Die beiden Mädchen überlebten die Tortur. Im Jahr 1993 nahmen sie Kontakt zu dem Deutschen Hans Münch auf, der ebenfalls Lagerarzt in Auschwitz gewesen war. Sie fragten ihn, ob er die Gaskammern gesehen habe. Er sagte, sie seien der Alptraum, der ihn jeden Tag seines Lebens begleite. Am 27. Januar 1995, dem 50. Jahrestag der Befreiung von Auschwitz, stand Eva Kor zusammen mit Hans Münch vor den Gaskammern und las einen Brief vor, in dem sie ihm vergab. Sie sagte: »Das Vergeben ist für mich mehr als ein Akt der Selbstheilung. Es ist so persönlich wie eine Chemotherapie.« Später erzählte sie: »An dem Tag, an dem ich den Nazis vergab, konnte ich auch meinen Eltern vergeben, die ich mein ganzes Leben lang gehasst hatte, weil sie mich nicht vor Auschwitz bewahrt hatten.«

Ghazi Briegeith, ein Palästinenser aus Hebron, dessen Bruder 2000 bei einer Straßenkontrolle von Israelis erschossen wurde, sagte: »Ich kann ihnen zeigen, wie viel wertvoller als eine gewalttätige Antwort es ist, sein Herz der Vergebung und dem Frieden zu öffnen. Man muss sich nicht gegenseitig lieben, um eine Brücke zwischen zwei Völkern zu bauen: man braucht Respekt.«

Die Journalistin Marina Cantacuzino hat mehr als 100 solcher Geschichten vom Vergeben und Verzeihen gesammelt und sie in einer Ausstellung, im sogenannten »Forgiveness Project« zusammengetragen. Unsere Freikirche hat 25 dieser Geschichten ins Deutsche übersetzt und in einer Vernissage gezeigt. Weit über 300 Ausstellungen in vielen verschiedenen Lokalitäten hat Frau Cantacuzino bereits hinter sich. Auf die Frage, warum die Resonanz so überragend ist, antwortet sie: »Es liegt in dem Überraschungsmoment, dass dem Vergeben innewohnt. Die meisten bezeichnen das Verzeihen als wohltuend, als befreiend und beruhigend. Als ›heilend‹ im wahrsten Sinne des Wortes.«[25]

Seit einigen Jahren ist in den USA die »Forgiveness-Forschung« in Gang gekommen. Sie bestätigt diese subjektiven Eindrücke inzwischen mit empirischen Ergebnissen. Wissenschaftler haben nachgewiesen, dass Vergeben den Blutdruck und den Wert des Stresshormons Cortisol im Blut senkt. Manche schicken ihre Patienten deshalb zur Vergebungstherapie. Das sei »Tofu für die Seele«, hat einer mal gesagt. Eine gesunde Alternative zum »rohen Fleisch des Hasses und der Vergeltung«.[26]

Der weitere Verlauf der Josefsgeschichte enthält schockierende emotionale Höhepunkte. Josef und seine Brüder

---

25 Unter *www.theforgivenessproject.com* sind diese bewegenden Geschichten nachzulesen. Vgl. dazu auch: Jörg Podworny, *Was Versöhnung auslöst. Das »Forgiveness«-Projekt: Eine internationale Wanderausstellung erzählt von der Kraft der Vergebung*, In: *Lebenslust*, Nr. 1/2011, S. 118–123.

26 Lena Bopp, *Wie auch wir vergeben. Schmerz, Wut, Heilung: Eine Engländerin sammelt Geschichten vom Verzeihen*, Frankfurter Allgemeine Sonntagszeitung, 16. März 2008, Nr. 11, S. 16.

machen auch eine Art Vergebungstherapie. In irgendeiner Form haben wir alle unsere Erfahrungen mit Vergebung, vielleicht nicht so krass wie diese Menschen, von denen ich eben erzählt haben; aber Vergebung ist eine sehr persönliche Erfahrung, die hart und grundlegend ist. Und eins ist sicher: Nur durch Vergebung kann die endlose Kette von Schuldzuweisung und Schmerz durchtrennt werden. Wer diesen Kreislauf nicht mit einem bewussten »Stopp!« durchbricht, wird feststellen, dass der Groll in seinem Leben ein Machtfaktor wird. Ja, Groll. Und Groll bedeutet: Ich klammere mich an meine Vergangenheit und kaue sie immer wieder durch, lasse nicht zu, dass die Wunde heilt. Das englische Wort für Groll *resentment* (Ressentiment) bedeutet wörtlich »Nachgefühl« oder »Wiederfühlen« und legt diese Vorstellung nahe. Groll macht unser Leben matt und glanzlos. Die meisten derer, die diesem »Forgiveness Project« ihre Geschichte anvertrauten, haben lange gerungen, bis sie mit ihrem Schicksal Frieden schließen konnten. Sie haben sich in die Wut verkrallt, dem Alkohol hingegeben, zum Teil ihre Jobs verloren. Aber eines Tages haben sie begonnen zu vergeben.

Es ist nicht unser Denkvermögen, das uns von den Tieren unterscheidet, hat einmal der russische Schriftsteller Alexander Solschenizyn (1918–2008) gesagt, sondern unsere Fähigkeit zu bereuen und zu vergeben. Nur wir Menschen schaffen es, diesen unnatürlichen Akt zu vollziehen, der den erbarmungslosen Kreislauf der Gnadenlosigkeit durchbricht. Und dieser Kreislauf der Gnadenlosigkeit macht nicht nur unsere Beziehungen und Familien, sondern auch Gesellschaften und

Staaten kaputt. Vergebung ist ein übernatürlicher Akt.[27] Und ohne Vergebung können wir weder im Frieden leben noch im Frieden sterben.

Im Jahr 1993 machte Henry Alexander, der dem Ku-Klux-Klan angehörte, seiner Frau ein Geständnis. 1957 hatte er zusammen mit anderen Leuten vom Klan einen schwarzen LKW-Fahrer aus seinem Führerhaus gezerrt, ihn auf eine verlassene Brücke hoch über einen reißenden Fluss geschleppt und den schreienden Mann gezwungen in den Tod zu springen. Für dieses Verbrechen wurde Alexander 1976 angeklagt; fast zwanzig Jahre hatte es gedauert, ihn vor Gericht zu bringen. Er erklärte sich aber unschuldig und wurde von den weißen Richtern freigesprochen. Insgesamt sechsunddreißig Jahre lang beharrte er auf seiner Unschuld, bis er seiner Frau an jenem Tag im Jahr 1993 die Wahrheit beichtete. Er sagte ihr: »Ich weiß nicht, was Gott mit mir machen wird. Ich weiß nicht einmal, was ich für mich erbitten soll.« Einige Tage später starb er. Alexanders Frau schrieb einen Brief an die Witwe des Mordopfers und bat sie um Verzeihung. Der Brief wurde daraufhin in der *New York Times* abgedruckt. Darin schrieb sie: »Henry hat sein Leben lang in einer Lüge gelebt, und er hat mich dazu gebracht, sie auch zu leben. In all den Jahren hatte ich seinen Unschuldsbeteuerungen geglaubt. Bis fast an sein Lebensende hatte er nie irgendein äußeres Zeichen von Gewissensbissen erkennen lassen; erst als es viel zu spät war für eine öffentliche Richtigstellung.« Und doch konnte er dieses schreckliche Geheimnis nicht mit ins Grab nehmen. Nach sechsunddreißig Jahren heftigen Leugnens

---

27 Philip Yancey, *Gnade ist nicht nur ein Wort – Wie Gottes Güte unser Leben auf den Kopf stellt*, Wuppertal 2006, S. 90.

brauchte er immer noch die Entlastung, die kein Freispruch, sondern nur Vergebung schenken kann.[28]

Ganz ähnlich ging es den Brüdern von Josef. Sie hatten ihr Leben lang mit einer Lüge gelebt. Und sie hatten auch ihren Vater Jakob durch Betrug dazu gebracht, diese Lüge 22 Jahre lang zu leben. Ihr düsteres Geheimnis belastete ihr Gewissen und ihre Beziehung.

Nun stehen sie wieder beim zweitmächtigsten Mann in Ägypten. Sie sind aufgeregt und unsicher. Josef, der zunächst im Hintergrund bleibt, überzeugt sich davon, dass sie Benjamin mitgebracht haben. Sie sind also seiner Forderung nachgekommen. Aber haben sie sich wirklich verändert? Josef will und muss es herausfinden.

Die äußerst zuvorkommende Behandlung empfinden die Brüder als Bedrohung. Sie sind misstrauisch. Als sie in das Haus Josefs geführt werden, befürchten sie gleich eine Falle. Sollen sie verhaftet werden? Sie sind bemüht, sehr schnell über den mysteriösen Geldfund in ihren Säcken zu sprechen, und stellen klar, dass sie das gefundene Geld natürlich wieder mitgebracht haben, dazu weiteres Geld für den Kauf des neuen Getreides. »*Es ist alles gut*« (Vers 23), ist die beruhigende Antwort des Hausverwalters. Er tut alles, um die besorgten Brüder zu beruhigen. Er führt die zurückbehaltene Geisel, ihren Bruder Simeon, zu ihnen. Er stellt ihnen Wasser für ihre staubigen Füße zur Verfügung und er gibt ihren Eseln Futter. All das sind Zeichen, dass sie freundlich aufgenommen sind.

Erst dann kommt es zur Begegnung mit Josef, die diesmal völlig anders verläuft als das erste Treffen, in dem

---

28   Ebd., S. 92–93.

Josef sie hart verhörte und sie als Spione beschuldigte. Als Josef hereinkommt, überreichen sie ihm die mitgebrachten Geschenke und verbeugen sich vor ihm. Von da ab bestimmt Josef wieder das Geschehen. Zuerst erkundigt er sich bei den Brüdern nach dem Ergehen ihres alten Vaters. Worauf sie ihm bestätigen, dass es ihrem Vater wohl geht. Dann verneigen sie sich erneut vor ihm. Als sie sich wieder aufgerichtet haben, fällt Josefs Blick auf Benjamin und er fragt: *»Ist das euer jüngster Bruder, von dem ihr mir erzählt habt?«* (Vers 29). Josef wird durch diese Begegnung mit Benjamin, dem Sohn seiner eigenen Mutter Rahel, so überwältigt, dass ihm die Tränen kommen und er den Raum verlassen muss. Hier zeigt sich: Auch die überragende Position, die Josef in Ägypten hatte, hat die Verbundenheit mit seiner Familie in der Tiefe seines Herzens nicht ausgelöscht. Es ist klug, nie die emotionale Macht familiärer Bindungen zu unterschätzen. Sie kann positive oder negative Auswirkungen haben. Die Macht familiärer Bindungen kann zerstörerisch oder heilend sein. Josef hat beide Seiten auf sehr schmerzliche Weise erfahren.

Im letzten Abschnitt des 43. Kapitels wird dann die gemeinsame Mahlzeit geschildert. Der Regent Josef sitzt an einem eigenen Tisch. Die Brüder sitzen gegenüber an einem anderen Tisch. Sie sind erstaunt über die Sitzordnung, denn sie sitzen genau nach ihrem Alter aufgereiht. Und Benjamin, der jüngste, bekommt fünfmal so viel zu essen wie seine Brüder. Benjamin war zwar noch jung, aber auch ein Teenager dürfte spätestens nach der dritten oder vierten Portion satt sein. Doch gerade durch dieses Essen wird deutlich – und besonders durch die Atmosphäre, die ja jede gemeinsame Mahlzeit irgendwie kultiviert –, wie sehr sich die Situation gegenüber der ersten Begegnung verändert hat. Es ist ein

Grundgedanke, der sich durch die ganze Bibel zieht und der darüber hinaus einen breiten kulturgeschichtlichen Hintergrund hat: Gemeinsame Mahlzeit verbindet, ein gemeinsames Essen stiftet und signalisiert Freundschaft und Nähe. Wer an einem anderen Interesse hat, der lädt ihn mal zum Essen ein. Eine gemeinsame Mahlzeit schafft Raum, in dem Vertrauen und auch Vergebung wachsen können. Das Neue Testament berichtet von manchen Mahlzeiten, die Jesus mit den Menschen teilte und die bleibende Auswirkungen hatten. Jedenfalls löste sich die Spannung bei den Brüdern und es wurde eine fröhliche Feier.

In Kapitel 44 braut sich jedoch schon ein neues Gewitter zusammen. Noch einmal will Josef seine Brüder in eine Situation bringen, in der es sich erweisen muss, ob sie sich verändert haben. Josef zieht die Fäden im Hintergrund, sein Hausverwalter führt aus, was ihm aufgetragen wird. Die mitgebrachten Säcke werden mit Getreide gefüllt und wieder wird das Geld in die Säcke gesteckt und in Benjamins Getreidesack wird der silberne Becher Josefs gelegt.

Kaum sind die Brüder voll bepackt unterwegs, wird der Hausverwalter hinterhergeschickt. Als er sie erreicht, behauptet er, sie hätten Gutes mit Bösem vergolten und den silbernen Trinkbecher Josefs gestohlen. Die Brüder reagieren mit Empörung. Sie sind von ihrer Unschuld überzeugt und machen den Vorschlag einer rigorosen Bestrafung, für den in ihren Augen unmöglichen Fall, dass der Becher tatsächlich bei ihnen gefunden wird: »Tod für den Dieb und Sklaverei für alle anderen!« Der Verwalter mildert die Strafe erheblich ab. »Nein«, sagt er, »bei wem der Becher gefunden wird, der wird Sklave, die anderen sind frei.«

Ganz bewusst hat Josef diese Strafe gewählt, um seine Brüder auf die Probe zu stellen. Der Rückbezug auf das Eingangskapitel der Josefsgeschichte ist unübersehbar. Damals verkauften sie ihn kaltblütig in die Sklaverei. Würden sie sich diesmal genauso herzlos von dem Dieb trennen und Benjamin im Stich lassen?

Dann werden ihre Säcke geöffnet. Ein Sack nach dem anderen. In keinem findet sich ein Becher. Sie sind beruhigt, noch ein Sack ist zu öffnen und dann der Schock: In Benjamins Sack findet sich der silberne Becher. Sie können es nicht fassen. Ihre Reaktion ist dramatisch. Sie zerreißen ihre Kleider aus blankem Entsetzen und Verzweiflung. Sie können nicht glauben, was sie da erleben. Und dann kommt ein entscheidender Augenblick. In diesem Moment, in dem Benjamin als gemeiner Dieb dasteht, lassen sie ihn nicht im Stich. Sie zögern auch nicht einen Augenblick, ihn zurückzubegleiten. Die Brüder sind solidarisch, halten zusammen, sie stehen füreinander ein.

Einer übernimmt jetzt die Führung. Nicht der älteste, Ruben, sondern Juda. Er ist der Kopf und Sprecher. In Vers 14 lesen wir: *Juda ging mit seinen Brüdern in Josefs Haus.* Juda nimmt das Heft in die Hand. Er, der Jakob versprochen hatte, die volle Verantwortung für Benjamin zu übernehmen, hält Wort. »*Wenn ich ihn dir nicht gesund zurückbringe, will ich mein Leben lang die Schuld dafür tragen*« (43,9). Schon in Kapitel 37, als die Brüder beschlossen hatten, Josef zu töten, war Juda dadurch aufgefallen, dass er Josef vor dem Tod retten wollte und den Vorschlag gemacht hatte, ihn in die Sklaverei zu verkaufen, statt ihn umzubringen.

Es war ein fauler Kompromiss gewesen. Aber Juda sagte sich: lieber verkaufen als töten. Juda war also einer, der führen konnte; der beeinflussen konnte. Damals waren seine Brüder vielleicht ärgerlich über ihn, diesmal sind sie ihm dankbar. Denn nun stehen sie wieder vor Josef. Noch einmal fallen sie vor Josef nieder. Gegenüber dem ersten Buch Mose 42,6 und 43,26.28 wird der Vorgang im hebräischen Text mit anderen, stärkeren Worten ausgedrückt. Damit wird angedeutet: Bedingungslos liefern sie sich ihrem Richter aus.

Josef benennt das ihnen zur Last gelegte Vergehen nicht noch einmal. Er klagt sie an: »*Wie habt ihr das tun können?*« (1. Mose 44,15) Juda spürt, dass hier jede Verteidigung und Rechtfertigung nichts nützt, und bringt dies auch zum Ausdruck: »*Was sollen wir jetzt noch zu unserer Verteidigung vorbringen?*« Und doch findet sich in seiner Antwort ein bemerkenswerter Satz: »*Gott hat eine Schuld von uns bestraft*« (1. Mose 44,16b).

Die Schuld, von der Juda hier spricht, ist nicht der Diebstahl des Bechers. In diesem Punkt sind sie unschuldig, und das weiß auch Josef. Die Schuld, von der Juda redet, ist die Schuld an Josef, die sie nicht vergessen haben. Sie liegt wie eine schwere Last auf ihnen. Juda hat natürlich keine Ahnung, dass Josef diesen Satz so versteht, wie er gemeint ist, als ein vor Gott abgelegtes Bekenntnis. Und mit diesem Schuldbekenntnis ist der Weg frei für ein neues gemeinsames Leben.

Ohne Bekenntnis unserer Schuld bleiben uns der Weg der Versöhnung und die Tür in ein neues Leben versperrt. Vergebung hat mit Schuld zu tun. Jesus hat uns gelehrt, so zu beten: *Und vergib uns unsere Schuld, wie auch wir vergeben unsern Schuldigern* (Matthäus 6,12). Es ist wichtig, seine Schuld zu bekennen, denn wer Schuld vor Gott und Menschen bekennt, wird frei davon! Johannes schreibt: *Wenn wir aber unsere Sünden bereuen und bekennen, dann dürfen wir darauf vertrauen, dass Gott seine Zusage treu und gerecht erfüllt: Er wird unsere Sünden vergeben und uns von allem Bösen reinigen* (1. Johannes 1,9).

Dieses Bekenntnis »*Gott hat eine Schuld von uns bestraft*« markiert den inneren Wendepunkt im Geschehen der Josefserzählung. Mit diesem Schuldbekenntnis erklärt Juda, dass sie alle gemeinsam das Sklavendasein akzeptieren. Benjamin wird nicht ausgegrenzt aus ihrer Gemeinschaft, wie die Brüder es einst mit Josef getan haben.

Doch Josef widerspricht dem in seiner Funktion als Richter. »Nur der, bei dem der Becher gefunden wurde, soll Sklave sein, die anderen können mit Frieden heimkehren zu ihrem Vater.« Doch das ist undenkbar. Sie können ihm nicht noch einmal den Verlust eines geliebten Sohnes melden.

Juda reagiert auf Josefs Urteilsspruch mit einer langen an Josef gerichteten Rede. Es ist die längste Rede der Josefsgeschichte, ja der ganzen Genesis. Im ersten Teil gibt Juda einen Rückblick auf das bisherige Geschehen (1. Mose 44,19–32) und dann macht er einen Vorschlag zur Lösung des Problems (1. Mose 44,33–34). Juda erklärt darin, warum ihr Vater so sehr an Benjamin, dem jüngsten Sohn hängt. In diesem Zusammenhang kommt er auch auf Josef zu sprechen. Er macht damit plausibel, dass es unmöglich wäre, dem Vater auch noch den Verlust des zweiten Sohnes seiner Lieblingsfrau Rahel zuzumuten. Es würde seinen Tod bedeuten.

Judas Vorschlag ist, dass er an Stelle Benjamins als Sklave in Ägypten bleiben wird, die anderen sollen mit »dem Knaben«, wie er Benjamin gegenüber Josef immer wieder nennt, zum Vater zurückkehren. Was für eine Veränderung! Anstelle einer rücksichtslosen Preisgabe ihres jüngsten Bruders findet sich jetzt die bedingungslose Hingabe für einen Bruder.

Das ist der Moment, in dem die Vergebung durchbricht und Josef sich zu erkennen gibt. Nach diesem Plädoyer Judas für Benjamin heißt es: *Da konnte Josef sich nicht länger beherrschen.* Josef, der sich so lange als der unerbittliche ägyptische

Machthaber vor den Brüdern gezeigt hatte, war durch das Angebot Judas endgültig überwunden. Er kann seine Gefühle nicht mehr zurückhalten. Er möchte in diesem bedeutenden Augenblick mit seinen Brüdern allein sein. Hastig schickt er alle Hofbeamten hinaus. Und dann kommt der entscheidende Satz: »*Ich bin Josef.*«

Jeder kann sich ausmalen, dass dieser Satz wie eine Bombe eingeschlagen hat. Die Bibel berichtet, dass es ihnen gänzlich die Sprache verschlägt, so dass Josef dann fragt: »*Lebt mein Vater noch?*« Ja, jetzt sagt er »mein Vater« und macht damit deutlich: Ich gehöre wieder zu eurer Familie, ich bin in den Kreis der Söhne Jakobs zurückgekehrt.

Jeder, der seine Schuld bereut und bekennt, kann zu Gott »mein Vater« sagen. Wir kehren dann in den Kreis der Familie Gottes zurück.

Die Brüder können es noch immer nicht fassen. Bevor Josef den Satz, mit dem er sich zu erkennen gibt, noch einmal wiederholt, fordert er seine Brüder auf: »*Kommt näher zu mir.*« Wahrscheinlich sind sie, als er gesagt hat: »*Ich bin Josef*«, erst einmal zwei Meter zurückgegangen. Dann sagt er es noch einmal: »*Ich bin Josef, euer Bruder, den ihr nach Ägypten verkauft habt.*«

Das ist die Wahrheit, der ihr euch heute stellen müsst. Wenn die Wahrheit in unserem Leben offenbar wird und wenn ans Licht kommt, was uns so bedrückt und belastet hat, dann sind wir vielleicht auch sprachlos wie die Brüder Josefs, aber niemals hoffnungslos. Denn die Wahrheit, so hat es Jesus gesagt, macht uns frei. Sich zur Vergangenheit seines Lebens zu stellen und zu sagen: So ist es gelaufen, das ist passiert, das habe ich verschuldet, da habe ich Unmögliches getan; zu bekennen, was zu bekennen ist, das macht frei. Die Bibel sagt: *Wen der Sohn Gottes frei macht, der ist wirklich frei* (Johannes 8,36). Die nächsten Verse zeugen von dieser Freiheit, die da plötzlich unter den Brüdern entsteht. Sie werden frei füreinander. Da fallen zentnerschwere Lasten. Hier beginnt ein neues Kapitel der Familiengeschichte Josefs. Das ist der Anfang neuer Beziehungen, weil eine dramatische Versöhnung stattfindet. Und die beginnt, in dem Josef eine theologische Deutung des Geschehens gibt. Was als böse Machenschaft der Brüder erschien und es ja auch war, das war letztendlich doch von Gott geplant und damit auch von Gott durchgeführt. Das ganze Elend dieses Familienzwistes konnte Gott doch noch zu einem großen Ziel führen, dem Ziel, Leben zu erhalten und Leben zu retten.

Josef bringt seine ganze Leidensgeschichte, seine Jugend, die er größtenteils im Gefängnis verbringen musste, aber auch seinen kometenhaften Aufstieg zum zweitmächtigsten Mann Ägyptens auf einen Punkt: *»Nicht ihr habt mich hierhergeschickt, sondern Gott!«* (1. Mose 45,8). Ein unglaublicher, sperriger Satz, den nur der sprechen kann, der vergeben hat. »Obwohl Josef die Schrecken seiner Vergangenheit nie verdrängte oder das Trauma verharmloste, sah er beides doch letzten Endes als Teil eines sinnvollen Ganzen, das höheren Zielen diente, als er es sich anfangs vorstellen konnte.«[29]

Jetzt, wo die Vergebung durchbricht und die Brüder sich versöhnen, wird es deutlich: Gott hat für Jakobs Familie auf eine unbegreifliche Art und Weise vorgesorgt. Erst als Josef seine Deutung gegeben hat und sie auffordert, ihren Vater zu holen und in das Land Goschen überzusiedeln, scheinen die Brüder zu realisieren, was hier gerade passiert.

---

29 Philip Yancey, *Sehnsucht nach dem unsichtbaren Gott*, Aßlar 2001, S. 286.

Dann fällt Josef Benjamin um den Hals und weint. Und schließlich umarmt er all die anderen und küsst sie. Endlich finden die Brüder ihre Sprache wieder. So ist Versöhnung.

Was können wir aus diesem Teil der Josefsgeschichte mitnehmen?

1. Ohne Vergebung ist unser Leben matt und ohne Glanz.

2. Ohne Vergebung bleiben unsere Beziehungen verletzt.

3. Ohne Vergebung können wir selbst nicht heil werden.

4. Ohne Vergebung stirbt unsere Kommunikation.

5. Ohne Vergebung bleibt uns der Weg zueinander und zum Vater im Himmel versperrt.

6. Ohne Vergebung können wir nicht im Frieden sterben.

KAPITEL 8

Es wird der Tag kommen, an dem durch Gottes persönliches Eingreifen jede Träne und jede Verwirrung, jede Unterdrückung und jeder Kummer, jedes Leid, jeder Schmerz und jede Ungerechtigkeit eine vollkommene und überwältigende Erklärung finden wird.

OSWALD CHAMBERS (1874–1917)

Ein unglaubliches Wiedersehen

1977 GING DIE 13-JÄHRIGE JAPANERIN Megumi Yokota nach der Schule zum Badminton-Training und kam nie mehr zurück.[30] Polizeihunde folgten ihrer Spur bis zu einem nahegelegenen Strand; doch dort hörte sie abrupt auf. Die verzweifelten Eltern konnten sich nicht erklären, was geschehen war.

Sechzehn Jahre danach, als die Yokotas sich mit dem Tod ihrer Tochter abgefunden hatten, machte ein Überläufer aus Nordkorea eine schockierende Behauptung: Irgendwo in

---

30   Philip Yancey, *Beten*, Wuppertal 2007, S. 32.

Nordkorea lebte in einem Ausbildungszentrum für Spione eine japanische Frau, die Megumi hieß und Badminton spielte. Der Überläufer erklärte, dass sie nur eine von vielen Japanern war, die nach Nordkorea entführt worden waren, um dort nordkoreanischen Agenten die japanische Sprache und Kultur beizubringen.

Yokota soll 1986 Kim Chol Jun geheiratet haben, der als der ebenfalls entführte Südkoreaner Kim Young-nam identifiziert wird. Das Paar hat 1987 eine Tochter bekommen.

Ich habe mich an diese bewegende Geschichte erinnert, als ich darüber nachgedacht habe, wie Jakob sich wohl gefühlt hat in all den Jahren, seitdem Josef verschwunden war. Wie oft wird er an ihn gedacht haben? Wie oft wird er sich gefragt haben, wie wohl seine letzten Stunden ausgesehen haben? Wie oft wird er sich gewünscht haben, seinen Sohn damals nicht nach Sichem geschickt zu haben? Und wie oft hat Jakob sich gewünscht, einfach mit Josef reden zu können?

Wer je einen Sohn verloren hat, der kann hier wahrscheinlich mitfühlen. Mein Opa, der ein sehr liebevoller, handwerklich geschickter und musikalischer Mann war, hatte auch einen Sohn. Als junger Soldat zog er, wie so viele mit 18 Jahren, im Jahr 1943 in den Zweiten Weltkrieg. In Minsk wurde er verwundet, dann durfte er in den Heimaturlaub. Danach machte er sich auf den Weg zurück zu seiner Einheit. In Rumänien verliert sich jede Spur. Wahrscheinlich geriet er in einen Tumult und kam dort um. Offiziell war er einer der vielen, die vom Russlandfeldzug nie zurückkehrten. Mein Opa ist an viele Plätze gefahren, um etwas herauszufinden über seinen einzigen Sohn. Nichts hatte er in Erfahrung bringen können. Es gab keine Informationen über seinen Jungen. Mein Großvater sprach nicht oft darüber, ich war einfach gerne in seiner Nähe, weil ich spürte, dass ich als sein erster Enkelsohn irgendwie unter seinem besonderen Schutz stand und er mich lieb hatte. Heute trage ich seinen Ring, als Erinnerung an ein Gefühl der Sorglosigkeit, das ich in seiner Nähe spürte.

Jetzt konzentriert sich die Josefsgeschichte wieder auf Jakob. Er hat in seinem langen Leben Fehler gemacht, schwere Fehler. Josef hatte er so sehr bevorzugt, dass in seiner Familie Neid und Missgunst gedeihen konnten.

Doch all das ist lange her. Inzwischen ist Jakob alt geworden und was er nicht weiß: Er steht vor dem Höhepunkt seines Lebens, einem unglaublichen Finale. Gleich wird ihn eine Nachricht erreichen, die ihn psychisch und physisch von einem Zustand in den anderen katapultieren wird: Vom apathischen Erstarren in pure Lebenslust. Sollte es wahr sein, dass er seinen geliebten Sohn Josef wiedersieht? Gleichzeitig würde das bedeuten, dass er seine Heimat verlassen muss und damit das verheißene Land. Jakob kommt erneut an seine Grenzen.

Zunächst verändert die Versöhnung zwischen Josef und seinen Brüdern die gesamte Zukunft der Familie Jakobs. Im ersten Buch Mose 45,19ff wird deutlich, dass versöhnte Menschen sich aus Freude beschenken. Josef gibt seinen Brüdern reichlich Geschenke mit. Benjamin wird mit Geschenken überschüttet und seinem Vater schickt er zehn Esel, beladen mit den besten Waren Ägyptens, und noch einmal zehn Esel, bepackt mit Getreide und anderen Nahrungsmitteln. Josef ist unendlich dankbar. Reich beschenkt ziehen die Brüder zurück zu ihrem Vater.

Doch je näher sie ihrer Heimat kommen, desto deutlicher wird ihnen geworden sein, dass sie mit einer Sache jetzt noch ans Licht müssen. Josef hatte ihnen vergeben und ich denke, ihm war bewusst, dass die Heimreise für seine Brüder emotional nicht einfach werden würde. Darum hatte er sie ermahnt: »*Streitet euch nicht unterwegs!*« (1. Mose 45,24). Josef will verhindern, dass sie über das Vergangene, über die besondere Schuld des einen oder anderen in Streit geraten. Was geschehen war, ist vergeben.

Wie leicht und wie schnell passiert es, dass wir zurückschauen. Wenn man sich vergeben hat und einen neuen Anfang machen durfte, dann darf man nicht mehr in den alten Geschichten wühlen. Nur – und das machte ja diese Reise so schwierig – die alte Lügengeschichte mit ihrem Vater musste noch bereinigt werden. Denn jetzt musste alles ans Licht. Es ist ein Unterschied, ob man aus freiem Entschluss alles auf den Tisch legt oder ob einem die Umstände sozusagen keine Wahl mehr lassen. Das war hier der Fall. Da schämt man sich, da ist man gedemütigt. Vergebung und Versöhnung haben weitreichende Konsequenzen in unserem Leben. Eine Versöhnung erfordert sehr oft ein Nachgespräch, eine Entschuldigung oder Klarstellung, die weh tut, die unser sauberes Image beschädigt, die uns demütigt. Jetzt mussten die Brüder bekennen, dass sie ihren Vater angelogen hatten. Ein Bekenntnis nicht auf irgendeiner anonymen Online-Beichtbank oder per E-Mail oder am Telefon; nein, Auge in Auge. Manche Gespräche darf ein Seelsorger, eine Mutter oder ein Vater, ein Sohn oder eine Tochter nicht am Telefon führen.

Die Verse 25–28 erzählen in bewegenden Worten von der Rückkehr. Die Nachricht »Josef lebt!« kann Jakob nicht fassen. Sie ist unglaublich. *Jakob war wie betäubt – er glaubte ihnen kein Wort.* Jakob ist wie gelähmt von dieser Mitteilung. Doch als er die ägyptischen Wagen sieht und die exklusiven Geschenke, verändert sich sein Zustand. Da erwacht neues Leben in ihm und Hoffnung auf bessere Zeiten. Sein innerer und äußerer Zustand erlebt sozusagen eine Auferstehung. *Da kam wieder Leben in ihn*, sagt der Text. Sobald er realisiert hatte, welche unglaubliche Nachricht seine Söhne ihm überbracht hatten, gibt es für ihn nur noch ein Ziel: Er will zu Josef und ihn sehen, bevor er stirbt. Mit diesem Entschluss, zu Josef zu gehen, endet das 45. Kapitel.

Doch ganz so einfach ist das nicht. Jakob weiß, dass mit diesem Schritt ein neuer, für ihn ein letzter Lebensabschnitt beginnt. Was macht Jakob vor diesem großen Einschnitt? Was machen wir vor großen Einschnitten in unserem Leben? Jakob sucht die Nähe Gottes.

So beginnt das 46. Kapitel, dessen erster Abschnitt sich auf bemerkenswerte Weise von der sonstigen Josefsgeschichte abhebt. Zunächst war Jakobs Aufbruch getragen von der Freude und Euphorie darüber, Josef zu sehen. Allein der Gedanke, ihn wiederzusehen und ihn in die Arme zu schließen, machte ihn ganz kribbelig. Doch in den anfänglichen Enthusiasmus, der ihn regelrecht beflügelte, mischen sich nun auch andere Gefühle. Da ist plötzlich Angst. Angst vor dem Fremden. Angst, alles hinter sich zu lassen, was einem vertraut ist. Angst vor dem Wagnis. In Ägypten werden er und seine Familie Ausländer sein. Sie werden nicht die gleichen Rechte haben wie in ihrem Land. Ihnen wird die Kultur fremd sein. Und wer weiß, ob er sich nicht auch Sorgen machte über das, was passieren könnte, wenn Josef seinen Brüdern doch noch grollen würde? Bange Ahnungen beschleichen ihn.

Ich denke, jeder kennt solche und ähnliche Gefühlslagen aus seinem Leben. Wenn wir vor neuen Lebensabschnitten und großen Veränderungen stehen, kämpfen in uns zwei Gefühle miteinander. Ein Zwillingspaar aus ungestümem Vorwärtsstürmen und vorsichtigem Zurückweichen macht uns konfus. Wir durchlaufen ein anstrengendes Wechselbad der Gefühle, je näher wir an solch einen Punkt kommen. In die anfängliche Freude auf eine neue Herausforderung, einen neuen Wohnort, auf die neue Arbeitsstelle und neue Kollegen mischt sich auf einmal lähmende Angst. Bedenken, Ungewissheiten werden wach. Plötzlich kommen Fragen hoch, die wir uns vorher so gar nie gestellt haben. »Gott, ist das dein Weg für mich, den ich hier einschlage? Ist das wirklich der richtige Weg für mich?« Oder ist es eine Sackgasse ohne Wendemöglichkeit? Geht's tatsächlich nach Ägypten, das war die Frage Jakobs. Soll ich das alles hinter mir lassen?

Um diese innere Frage nicht einfach zu übergehen, sucht Jakob mit seiner Familie die Nähe Gottes. In Beerscheba, etwa 70 km südwestlich von Jerusalem, dem südlichsten Grenzpunkt des Landes, an der Handelsstraße nach Ägypten – sozusagen kurz bevor es kein Zurück mehr gibt – macht er Halt. Die ganze Karawane, die schon aufgebrochen war, muss stillstehen. Manchmal müssen wir Halt machen, um nicht haltlos zu werden. In Psalm 46,11a heißt es: »*Seid stille und erkennt, dass ich Gott bin!*« Das ist etwas, gegen das sich das moderne Leben mit allen Mitteln sträubt. Aber solche Pausen führen in die Tiefe und Weite. Warum manche nur an der Oberfläche kratzen und nicht mehr Tiefgang in ihr Leben bekommen, liegt an den fehlenden Haltestationen. Sie fahren durchs Leben, ohne einmal anzuhalten. Von einem ins andere. Das geht oft so lange gut, bis uns ein Stopp verordnet wird und auf unserem Rezept steht: Steh still! Jakob hatte wohl Josefs Einladung, aber war es Gottes Weg? Das zu prüfen, ging nicht im Unterwegssein.

Wir können von Jakob viel lernen, denn die Frage, die ihn bewegt, sollte auch uns bewegen: Ist es, Herr, dein Weg, den ich wähle? So, wie David, der Beter des 27. Psalms, gebetet hat, können wir beten (Vers 11): *Herr, weise mir deinen Weg und leite mich auf richtiger Bahn.*

Wenn wir wichtige Entscheidungen treffen oder Weichenstellungen für unsere Zukunft vornehmen müssen, sollten wir so beten, wie David hier betet, und nach Gottes Wegweisung suchen, wie Jakob es tat.

Jakob suchte eine Gottesbegegnung. Er war verzweifelt. Sollte er tatsächlich das Land verlassen, in das er nach zwanzigjähriger Verbannungszeit bei Laban zurückgekehrt war, das Land der Verheißung, in das Abraham einst aufgebrochen war? Jakob brauchte mehr als menschliche Sicherheit. So bringt er Gott ein Brandopfer. Ein Teil des Opfers wurde von den Opfernden gegessen und mit dem Mahl brachte man zum Ausdruck: Gott, wir suchen die Gemeinschaft mit dir. Wir möchten klare Weisung. Und dann geschieht das Erstaunliche, Gott redet in der Nacht: »*Jakob! Jakob!*« Zweimal wird sein Name gerufen. Gott kann deutlich, unmissverständlich und klar sprechen. Das tut er hier und das tut er heute noch. Jakob ist bereit zu hören und antwortet: »Hier bin ich!«

Was fällt auf? Gott spricht in der Nacht. Er spricht, wenn es still um uns ist, wenn die Hektik des Tages sich gelegt hat, wenn wir aufnahmefähig sind. Er spricht oft erst, wenn wir zur Ruhe kommen und innerlich und äußerlich bereit sind zu hören. »*Hier bin ich*«, das ist keine belanglose Floskel, sondern ein klares Signal von Jakob: »Ich bin bereit zu hören; ich bin ganz Ohr!« Und darin verbirgt sich noch mehr. Denn dieses »Hier bin ich« bedeutet: Ich stehe zur Verfügung. Ich tue, was auch immer du mir sagst.

Und dann macht Gott ihm klar, dass seine Erwählung nicht an die Verheißung des Landes gebunden ist, sondern dass er gerade auch in der Fremde mit ihm sein will. Jakob erlebt eine eindeutige Beistandszusage Gottes. *»Jakob, hab keine Angst«*, sagt Gott. Hab keine Angst! Wie oft hat Gott das gesagt. Und das sagt er auch heute noch: Hab keine Angst! Gott gibt Jakob die Verheißung, dass seine Familie auch fernab von der Heimat zu einem großen Volk werden wird. Gottes Segen ist unabhängig von bestimmten Orten und Landesgrenzen. Gott sagt Jakob zu: *»Ich will mit dir nach Ägypten gehen«* (1. Mose 46,4). Schon als junger Mann musste er in ein fremdes Land fliehen und in einer Nacht zwischen Beerscheba und Haran sprach Gott zu ihm: »Ich stehe dir bei; ich behüte dich, wo du auch hingehst, und bringe dich heil wieder in dieses Land zurück. Niemals lasse ich dich im Stich; ich stehe zu meinem Versprechen, das ich dir gegeben habe« (1. Mose 28,15). Und jetzt, viele Jahre später, spricht Gott wieder ganz deutlich zu ihm. Und noch etwas sagt Gott: *»Ich bringe dich wieder zurück.«* Jakob, deine Nachkommen werden wieder in das Land zurückkommen, das du jetzt verlässt. Damit ist eindeutig gesagt, dass die den Erzvätern gegebene Landverheißung nicht durch den Aufenthalt in Ägypten aufgehoben ist. Das reicht Jakob.

Wenn Gott zu uns spricht, dann reicht das auch uns, dann können wir getrost aufbrechen. Jakob weiß nun: Ich breche mit meiner Familie nicht auf zu einem kurzen Besuch. Ich mache keine Stippvisite, sondern es ist mein letzter Aufbruch mit Frauen, Kindern, den Herden und allem Besitz. Es ist ein Auszug, wie Abraham ihn damals gewagt hat. Es ist ein Abbruch des bisherigen Wegs der Heilsgeschichte, aber es ist zugleich auch der Anfang der Geschichte eines Volkes, das durch einen neuen Aufbruch von neuem ins verheißene Land einziehen soll, als Gottes Volk.

Dann wird der Faden der Erzählung, wie an manchen Stellen in der Bibel, durch eine Namensliste der Angehörigen der

Familie Jakobs unterbrochen (Verse 8–27). Die Erzählung geht weiter in Vers 28, indem jetzt die Begegnung mit dem für tot gehaltenen Sohn Josef eingefädelt wird. Dies ist ein weiterer Höhepunkt der Josefsgeschichte. Wieder wird deutlich, dass Juda der Sprecher der Brüder ist. Auch Jakob, sein Vater, gesteht ihm diese Würde zu. Darum beauftragt er ihn, das Treffen mit Josef zu arrangieren. Bemerkenswert ist, dass Josef trotz seiner einzigartigen Machtposition in Ägypten gegenüber seinem Vater der Sohn ist und bleibt.

Was unsere Kinder und Enkel auch werden und erreichen, sie bleiben unsere Kinder und Enkel. Und wir sollten auch Väter oder Mütter beziehungsweise Großväter und Großmütter bleiben. Was meine ich damit? Wir sollten uns die Würde, die der von Gott gegebenen Stellung entspricht, nicht nehmen lassen. Auch wenn Josef der zweitmächtigste Mann in Ägypten ist, er kommt seinem Vater entgegen. So wie das jeder andere Sohn getan hätte. Er erweist ihm diese Ehre. Jeder andere Mensch, der zu Josef wollte, musste zu ihm kommen, ja viele brauchten dafür eigens eine Audienz.

Josef wird informiert, dass seine Familie im Land ist, und er fährt seinem Vater entgegen. Vater und Sohn fallen sich um den Hals und weinen. Das ist ein heiliger Augenblick, ein Augenblick der Dankbarkeit, des Schalom, weil die zerbrochene Beziehung wiederhergestellt wird.

Was Jakob nach der langen Trennung zu Josef sagt, unterstreicht, dass er jetzt auf dem Höhepunkt seines Lebens angekommen ist. Jetzt hat sich für Jakob alles erfüllt, denn indem er Josef in die Arme schließt, schließt er den Wegbereiter seines Volkes in die Arme. Das ist die heilsgeschichtliche Seite des Wiedersehens. Indem er Josef in die Augen sieht, sieht er der Treue Gottes in die Augen. Das Bekenntnis Jakobs: »Ich will nun gerne sterben« lässt sich in einem

Wort zusammenfassen: Erfüllung. Sein Leben hat Erfüllung gefunden. Mit diesem Augenblick sind viele quälende Fragen beantwortet.

Ein solch unglaubliches Wiedersehen war und ist längst nicht allen Menschen vergönnt. Den Yokotas nicht, meinem Opa nicht und vielen anderen auch nicht. Aber in diesem Wiedersehen zwischen Josef und Jakob steckt die Botschaft von einem anderen Wiedersehen, das für jeden Menschen Wirklichkeit werden kann. Jeder Christ, jeder, der Jesus nachfolgt, jeder, der Jesus lieb hat, wird eines Tages von seinem Vater im Himmel in die Arme geschlossen. Und dann gibt es für Gottes Kinder ein Wiedersehen!

Jesus selbst hat gesagt: »*Auch ihr seid jetzt sehr traurig, aber ich werde euch wiedersehen. Dann werdet ihr froh und glücklich sein, und diese Freude kann euch niemand mehr nehmen. Am Tag unseres Wiedersehens werden all eure Fragen beantwortet sein*« (Johannes 16, 22–23).

Ja, in Gottes Familie gibt es eine große Wiedersehensparty. Ich werde meinen Opa wiedersehen und viele andere aus meiner Familie, aus meinem Freundeskreis und aus meiner Gemeinde, die wir schon haben gehen lassen müssen; wir werden uns wiedersehen! Wir werden Jakob und Josef sehen, aber das Schönste: Wir werden Jesus sehen!

KAPITEL 9

*Was du von mir in Gegenwart vieler Zeugen gehört
hast, das gib jetzt an zuverlässige Christen weiter ...*

PAULUS AN TIMOTHEUS,
2. TIMOTHEUS 2,2A

Was geben wir weiter?

ES WAR EIN BESONDERER AUGENBLICK, als der Baptistenpastor Rick Warren eines der Segensgebete für Präsident Obama bei seiner Amtseinführung sprach. Warren bat den »allmächtigen Gott« um »Weisheit für Präsident Obama, damit er mit Demut führen kann«, um »Mut, um mit Integrität zu leiten« und um »Mitgefühl, um mit Großzügigkeit zu führen«. In seinem Gebet bat Warren um Gottes Vergebung, wenn die Amerikaner nur an sich selbst denken, wenn sie unter sich kämpfen und wenn sie Gott vergessen. Warren betete: »Mögen in den schwierigen Tagen, die vor uns liegen, unsere Ziele, unsere Verantwortung, unsere Demut und unsere Höflichkeit erneuert werden. Und mögen wir nicht vergessen, dass eines Tages alle Nationen, alle Menschen vor deinem Gericht stehen werden.« So betete Rick Warren und er segnete in seinem Gebet den Präsidenten und seine Familie.

Auf der einen Seite Mr. President, auf der anderen Seite Pastor Warren. In unserem Text gibt es ähnliche Konstellationen. Eine dieser Begegnungen ist von einem noch viel größeren Ungleichgewicht bestimmt. Jakob war kein bekannter Bestsellerautor und Pastor wie Warren, obwohl seine Geschichte im Weltbestseller Bibel aufgeschrieben ist. Jakob war Viehzüchter und Ackerbauer. Was für ein Kontrast! Krasser hätte der Unterschied nicht sein können, als er vor dem mächtigen Pharao stand.

Und doch gibt es erstaunliche Parallelen: Denn jedes Mal, ob 1900 Jahre vor Chr. in Ägypten oder 2000 Jahre n. Chr. in Washington, beide Male trafen die Vertreter zweier Welten aufeinander. Einer der mächtigsten Staatsmänner der Erde, damals der Pharao, heute der amerikanische Präsident und als Gegenüber ein Vertreter des Gottesvolkes, der Repräsentant eines Reiches, das nicht von dieser Welt ist.

Beide Seiten tragen Verantwortung füreinander. Beide Seiten haben sich etwas zu sagen und zu geben. Vordergründig betrachtet ist Jakob natürlich auf die Gnade des Pharao angewiesen. Und er bekommt ja auch von ihm einen der besten Landstriche Ägyptens, die Provinz Goschen. Und doch läuft hintergründig hier noch etwas ganz anderes ab. Denn Heilsgeschichte und Weltgeschichte begegnen sich. Die beiden Historien sind immer irgendwie miteinander verflochten. Und wir Christen sollten für die besonderen Schnittpunkte hellwache Sinne haben und sehr genau hinsehen, was da eigentlich geschieht.

Jakob ist der Träger der Heilsgeschichte und der Verheißungen Gottes, einer der Erzväter. Er ist heimatlos im wahrsten Sinne des Wortes, weil er seine Heimat verlassen hat. Wir haben über diesen schweren inneren Kampf, den er in Beerscheba ausgefochten hat, nachgedacht. Jakob ist jetzt in diesen schwierigen Zeiten auf die Versorgung Ägyptens angewiesen.

Und dann ist da sein Gegenüber: Pharao, ein Herrscher mit uneingeschränkter Macht. Ein Bevollmächtigter, der die Weltgeschichte lenkt. Wie agiert Jakob in den wenigen Momenten dieser Audienz? Was passiert in dieser Begegnung?

Jakob tut das, was jeder Repräsentant des Reiches Gottes, was jeder Nachfolger Jesu tun kann und tun sollte: Er segnet. Er gibt etwas ab von dem, was er hat. Er segnet den mächtigen Pharao. Etliche Ausleger haben das feierliche Segnen Jakobs lediglich als eine Form der Begrüßung gedeutet. Doch das ist eine unerlaubte Reduktion des Geschehens. Denn im Zusammenhang der Erzählung ergibt sich etwas anderes. Der ägyptische Pharao wird hier tatsächlich von dem Erzvater Israels gesegnet. Pharao ist der Beschenkte, der den Segen des von Gott gesegneten Jakobs empfängt. Der Repräsentant der Macht und des Reichtums, Pharao, ist auf den Segen Gottes angewiesen, den der Träger der Verheißung Jakob ihm spendet. Ein paradoxes und doch schönes Bild.

Wenn der Segen, den wir Christen weiterzugeben haben, nicht mehr mutig und offensiv weitergegeben wird, fehlt das Salz in der Suppe. Es ist eine alte, menschliche Erfahrung, dass von einem Menschen Segen und Fluch ausgehen können. Vielleicht haben wir beides schon erlebt.

Als Pastor wird einem viel Segen zugesprochen, aber es gibt durchaus auch Menschen, die einen verfluchen. Was geht von uns aus? Vielleicht sagen wir, ist doch klar: Als Christ kann ja nur Segen von mir ausgehen. Doch ganz so einfach ist es nicht. Jakobus schrieb an die Christen folgende

Warnung: *Mit unserer Zunge loben wir Gott, unseren Herrn und Vater, und mit derselben Zunge verfluchen wir unsere Mitmenschen, die doch nach Gottes Ebenbild geschaffen sind. Segen und Fluch kommen aus ein und demselben Mund. Aber genau das, meine lieben Brüder und Schwestern, darf es bei euch nicht geben! Fließt denn aus einer Quelle gleichzeitig frisches und ungenießbares Wasser?* (Jakobus 3,9–11)

Das zwiespältige Leben von Jakob, mit dem wir uns ja nun schon länger beschäftigt haben, bestätigt, dass es stimmt, was Jakobus hier schreibt. Segen und Fluch können Spuren sein, die wir hinterlassen. Die Erschleichung des Erstgeburtssegens, die daraus resultierende Trennung von seiner Familie und der Streit mit seinem Bruder Esau, die Bevorzugung Josefs, all das hinterließ doch nicht nur Segensspuren. Geht es uns nicht oft wie Jakob? Wir entdecken den wahren Segen erst, nachdem wir an manchen falschen Orten gesucht haben. »Ehe wir den Segen entdecken, müssen wir oft die Erfahrung machen, dass wir schwach sind, eine Erfahrung, die uns in gewisser Weise ›verkrüppelt‹, so wie Jakob unmittelbar vor dem Empfang des Segens durch die Verletzung seiner Hüfte zu einem Krüppel wurde.«[31]

Welche Spur hinterlassen wir? Können wir andere segnen? Zwischen Pharao und Jakob gibt es einen kurzen Small Talk. Das Gespräch dreht sich um das Alter Jakobs. Als kurz empfindet Jakob sein Leben und als eine böse Zeit. Und doch ist aus dem Menschen Jakob der geworden, der mit Gott gerungen hat, und das bedeutet, er ist in der Gnade gewachsen und

---

31 Timothy Keller, *Es ist nicht alles Gott, was glänzt – Was im Leben wirklich trägt*, Aßlar 2011, S. 205.

vor allem, er hat seine Lebensweise geändert. So wird Jakob für den Pharao hier ein Segensüberbringer.

Nach dem Verständnis der Bibel trägt der Mensch seit seiner Erschaffung durch Gott Segenskraft in sich. Eine Kraft, die wir weitergeben können. Viele alttestamentliche Geschichten erzählen davon, wie der Segen von Generation zu Generation weitergegeben wird. Der Ursprung des Segens ist der dreieinige Gott. Von ihm, nicht von uns, geht die Segenskraft aus. Genesis 48 veranschaulicht das noch einmal in einer weiteren Szene. Jakob weiß, dass er nicht mehr lange zu leben hat. Josef hört, dass sein Vater todkrank ist. Er nimmt seine beiden Söhne und reist zu seinem Vater.

Menschlich betrachtet hätte Jakob allen Grund gehabt, den zweitmächtigsten Mann Ägyptens, seinen Sohn Josef zu bitten: »Sorge doch bitte dafür, dass nach meinem Tod meine Söhne und ihre Familien unter deinem Schutz und Wohlwollen bleiben.« Doch aus Gottes Perspektive läuft das gerade anders herum. Der Ministerpräsident kommt zum Viehhirten, weil er um den Segen für seine Kinder bitten will. Josef, der Stellvertreter des Weltherrschers Pharao, ist der Bittende vor dem Segensträger des Allmächtigen.

Eine in mehrfacher Hinsicht paradoxe Situation: Ein sterbender alter Mann macht sich noch einmal stark. *Da machte sich Israel stark und setzte sich im Bett auf* (1. Mose 48,2). Zunächst nennt Jakob seinen Auftraggeber. Es ist El Schaddai, der allmächtige Gott, er gab ihm Vollmacht. »Gerade« oder »ausgerechnet mich segnete Gott«, sagt Jakob. Es ist ein tiefes Glück, wenn wir das auch so sagen können: »Gerade mich segnete Gott!«

Jakob will die beiden Söhne Josefs, Ephraim und Manasse, als seine rechtmäßigen Nachkommen legitimieren. Ihre Geburt in Ägypten und ihre ägyptische Mutter machen diesen Vorgang nötig.[32] Als Josef seine Söhne vor seinem Vater aufstellt, geht er von der natürlichen Rangfolge aus. So soll dessen rechte Hand Manasse, den Erstgeborenen, segnen und seine linke Hand Ephraim. Die rechte Hand gilt gegenüber der linken als die bessere und stärkere und deshalb ist der durch die rechte Hand vermittelte Segen auch der stärkere. Er soll dem älteren Sohn zukommen.

Als die Enkel vor Jakob stehen, fragt er Josef: »Wer sind sie?« So schwach waren seine Augen, dass er kaum noch sehen konnte. Jakob selbst wurde als junger Mann einst von seinem Vater Isaak gefragt: »*Wer ist da, Esau oder Jakob?*« Worauf Jakob mit einer dreisten Lüge geantwortet hat: »*Ich bin dein ältester Sohn Esau*« (1. Mose 27,18). Jetzt ist er selbst ein hilfloser Greis, der kaum noch etwas sieht und mit seinen Händen seine Enkel ertasten muss. Einst hat er schamlos die Hilflosigkeit seines Vaters Isaaks zu seinem Vorteil ausgenutzt, jetzt zeigt sich der vergeltende Ernst der Führung Gottes. Er muss nun selbst als fast Blinder bei dieser Segenshandlung agieren.

Aber Gottes Heilsabsichten und Pläne übersteigen eben alle unsere menschlichen Schliche und Intrigen. Denn es ist Gottes Wille, dass auch jetzt der jüngere Ephraim den Erstgeburtssegen bekommt. Josefs Pläne und Vorbereitungen stehen dem entgegen, denn er hat seine Jungen so aufgestellt, dass Manasse unter Jakobs rechte Hand kommt und Ephraim unter seiner linken Hand steht. Aber gegen alle Ordnung und Vernunft ist Jakob in dieser Stunde ein von Gott geführtes Werkzeug.

---

32 Boecker, a.a.O., S. 84.

Jakob handelt unter prophetischer Inspiration und kreuzt seine beiden Arme und legt seine rechte Hand auf Ephraims Kopf und seine linke auf Manasses Kopf. Josef sieht, dass hier etwas quer läuft, ihm gefällt das nicht und er greift in das Geschehen ein. Er fordert seinen Vater auf, seine Hände zu wechseln. Aber Jakob wehrt diesen Versuch ab und sagt mit einer Autorität, als könnte er in die Zukunft sehen: »*Ich weiß mein Sohn, ich weiß.*« Lass es, es ist gut; es ist richtig so. So will es Gott.

Diese überkreuzten Arme sind ein schönes Bild dafür, wie Gottes Segenslinien verlaufen. Sie verlaufen oft anders, als wir das wollen oder uns vorstellen. Und wenn sie kreuz und quer verlaufen – sie verlaufen nach einem genialen und souveränen Plan. Jakob durchkreuzt mit seiner Handlung alle menschlichen Gedanken. Er ist fast blind, aber in diesem Augenblick ist er durch den Glauben der Einzige, der hier durchblickt. Isaak, sein Vater, hatte einst unwissentlich den Richtigen gesegnet, ihn selbst. Jakob dagegen segnet den richtigen, gegen alle Versuche der Berichtigung. Gottes Segensplan steht fest. Er steht fest, trotz aller unserer menschlichen Wünsche, trotz aller äußeren Gegebenheiten und oft gegen jede natürliche Regel und Ordnung.

Diese Geschichte von Jakob und Josef ist lange her. Trotzdem können wir als Nachfolger von Jesus ein Glied in der Segenskette des allmächtigen Gottes sein. Ich will fünf Eckpunkte markieren, wie wir zu einem Segensträger werden können.

1. Bewusst machen: Gott ist mit mir

Die schlichte Urform des Segens ist die Zusage, die Gott Isaak machte: »*Ich will mit dir sein!*« (1. Mose 26,3). Das Wissen:

einer geht mit mir, einer bleibt an meiner Seite, komme, was wolle, ist das Wissen eines gesegneten Menschen. David betet: *Und ob ich schon wanderte im finsteren Tal, fürchte ich kein Unglück; denn du bist bei mir* (Psalm 23,4). Dieses Wissen – Gott ist bei mir –, dieser Zuspruch, der getrost und stark macht, ist die Urform des Segens Gottes.

So verstehe ich auch den Segen am Ende des Gottesdienstes als einen uns stark machenden Zuspruch: »Ich will mit dir sein« – in der kommenden Woche, in dem, was dich bedrängt und aufwühlt, bei dem, was dich freut.

2. Segen hat elementar mit Wachsen und Reifen zu tun

»Ich wünsche dir Gottes Segen« kann bedeuten: Ich wünsche dir, dass du wächst und reifst, dass du dich entwickelst, entfaltest in das Bild, das Gott sich für dich ausgedacht hat. Nicht zufällig äußert sich der Segen im Alten Testament zuallererst in der Fruchtbarkeit des Menschen, des Viehs, des Landes, in körperlicher Stärke, aber auch in seelischer Kraft, in Freude und Glück. Auch Weisheit zur Lebensbewältigung gilt als Segen. Der Segen Gottes erstreckt sich laut 5. Mose 28 vom Backtrog bis zum Sieg über die Feinde.

Aber dieses Segensspektrum ist keine Garantie für Erfolg. Unter dem Segen Gottes zu stehen, heißt nicht, dass ich unverwundbar bin. Jakobs und Josefs Leben machen das nur allzu deutlich. Zwar ist der Segen Gottes ein Schutz – aber nicht zwangsläufig im Sinne von garantierter Bewahrung vor Unfällen, Schicksalsschlägen oder Krankheiten. Wir haben uns angeschaut, wie Josef als Sklave im Haus des Potifar zu einem wahren Segensbringer wurde. Und selbst im Gefängnis wurde er zum Segen für seine Mitgefangenen.

Ja, Segen hat mit Wachsen und Reifen zu tun. Auch ein Gesegneter kann Leid und Unglück erleben. Wo ist *ein(e) Gesegnete(r)* der Bibel, der oder die nicht gelitten hätte?

3. Wenn Gott segnet, möchte er Antwort

Weil der Segen Gottes ein Prozess ist und keine punktuelle Angelegenheit, empfangen wir ihn nicht einmal und haben ihn dann für alle Zeiten fest in der Tasche. Der Segen muss sich in unserem Leben entfalten. Und oftmals verursacht diese Entfaltung Wachstumsschmerzen. Im Alten Testament wird mehrfach daran erinnert, dass der Segen an den Gehorsam gegenüber Gott gebunden ist. Wenn Gott uns segnet, möchte er, dass wir ihm Antwort geben.

Im Neuen Testament ist fest verankert, dass Gott sein Volk »in und durch Jesus Christus« segnet. Darum bleibt einem Menschen außerhalb der Lebensgemeinschaft mit Jesus der Segen Gottes fremd. Fremd heißt ja nicht unbedingt gänzlich verschlossen, denn am Schöpfungssegen und Ehesegen kann auch ein Atheist Anteil haben. *So schuf Gott den Menschen als sein Ebenbild, als Mann und Frau schuf er sie. Er segnete sie und sprach:* »*Vermehrt euch, bevölkert die Erde und nehmt sie in Besitz*« (1. Mose 1,27–28). Das erste, was Gott tut, ist, dass er den Menschen segnet. An diesem Ur-Segen haben alle Menschen Anteil.

Wenn ich sage, dass vielen der Segen Gottes fremd bleibt, heißt das: Ihnen fehlt die innige Beziehung, die Intimität zu Jesus. Es bedeutet, dass einem solchen Menschen die Fülle des Segens Gottes, die Vergebung durch das Blut Jesu, die Erlösung von unserem alten Wesen und die Hoffnung auf die Herrlichkeit bei Jesus verschlossen bleibt.

4. Der Segen Gottes braucht einen Raum in uns – das ist der Glaube

Segensworte sind keine magischen Formeln. Formeln, die allein aufgrund der Tatsache, dass wir sie aussprechen, wirken. Gott hat seinen Segen an unseren Glauben gebunden. Glaube als Vertrauen auf den gekreuzigten und auferstandenen Sohn Gottes, der sich uns heute noch offenbart durch sein Wort und seinen Geist. Wenn wir andere segnen und selbst Segen empfangen wollen, können wir das nicht tun ohne diesen Glauben.

Nun gibt es fromme Menschen, die meinen, jeden und alles segnen zu müssen. Aber nicht einmal der von Gott gesegnete Abraham wurde dazu berufen, ein »Segnender« zu sein, sondern er sollte ein »Segen« sein. Verstehen wir, was der Unterschied ist? *Segnende* neigen dazu, salbungsvoll große Worte über jemand zu sprechen. *Segnende* lieben auffällige Zeichenhandlungen und inszenieren leicht eine Show.

Menschen, die darum beten, dass sie ein »Segen« für andere sein können, wissen, dass es allein der allmächtige Gott ist, der segnet. Sie sehen, dass Gottes Segen weder von einer menschlichen Segenshandlung abhängt noch damit verfügbar wird. Damit will ich den Wert einer Segenshandlung aber keineswegs herabsetzen. Ein Segensgebet und eine damit verbundene Handauflegung kann für uns eine sehr wichtige geistliche Erfahrung sein. Ein Erlebnis, das unserem Leben einen entscheidenden Impuls gibt. Es kann uns die Nähe Gottes neu bewusst machen, unseren Glauben stärken und uns Mut und Zuversicht schenken.

Aber es muss einem auffallen, wie selten im Neuen Testament vom Segnen unter Handauflegung durch Nachfolger Jesu gesprochen wird. Jesus selbst hat unter Handauflegung oder Handerheben die Kinder gesegnet (Markus 10,16) und vor der Himmelfahrt seine Jünger (Lukas 24,50). Dass bei den Aposteln und später in den ersten Gemeinden Segenshandlungen nicht im Zentrum stehen, hängt damit zusammen, dass der Segen Christi vor allem durch die Verkündigung des Wortes weitergegeben wird.

Und noch etwas: Eine Segenshandlung ist nicht nur für den, der gesegnet wird, eine wichtige Erfahrung, sondern gerade auch für den Segnenden: Dietrich Bonhoeffer hat einmal gesagt: »Das segnende Wort verwandelt den, der es ausspricht.«

Derjenige, der den Segen empfängt, braucht den Glauben und die innere Bereitschaft, sich von Gott berühren und verändern zu lassen. Jakob war am Ende seines Lebens, als er den Pharao und seine Enkel segnete, ein solcher von Gott berührter und veränderter Mensch.

Wir können uns gegenüber dem Segen öffnen oder verschließen. In diesem Sinne ist es beim Empfang des Segens eine schöne Geste, wenn Menschen ihre Hände geöffnet halten und so signalisieren: Ich bin bereit, Segen zu empfangen.

5. Segen ist immer auch Beauftragung, das Empfangene weiterzugeben

Segen ist Beauftragung, weiterzugeben. Gott sprach zu Abraham: »*Ich will dich segnen*« – und damit genug? Nein – »*und du sollst ein Segen sein*« (1. Mose 12,2). Wenn Gott uns segnet, dann tut er das in der Absicht, damit wir für andere ein Segen sein können. Gott segnet uns, *damit wir etwas seien zum Lob der Herrlichkeit Gottes* (Epheser 1,14).

Wenn wir Segen weitergeben, empfangen wir auch wieder neuen und frischen Segen. Dann wird bei uns wahr, was

Jesus sagte: *Von dessen Leib werden Segensströme lebendigen Wassers fließen* (Johannes 7,38). Wer für sich behält, was er bekommt, ist bald »verstopft«, er wird unfähig zu empfangen. Das deutsche Sprichwort »Sich regen bringt Segen« lässt schon auf diesen Kreislauf schließen. Der gesegnete Mensch, regt sich, er gibt empfangenen Segen weiter und hinterlässt so seine Segenspuren. Wer Empfangenes teilt, erlebt, wie es sich vermehrt. Mit dem Segen, den Gott auf uns legt, ist es ähnlich wie mit der Freude: Sie vermehrt sich, wenn man sie teilt. Luther sagte das einmal so: *»Segen heißt eigentlich Mehrung. Wenn wir segnen, so tun wir nichts mehr, als dass wir Gutes wünschen; aber das, was wir wünschen, können wir nicht verrichten. Aber Gottes Segen klingt aus in Mehrung und ist sogleich kräftig.«*

Ob jemand gesegnet ist, erkennt man also nicht an dem, was er hat, sondern an dem, was er weitergibt. Was geben wir weiter? Was tradieren wir, welche Werte geben wir an unsere Kinder weiter? Was vermitteln wir unseren Freunden? Welche Lebenseinstellungen kommen rüber? Was können wir weitergeben? Niemand kann etwas geben, was er selbst nicht zuvor empfangen hat. Wir können kein Segen sein, wenn wir nicht zuvor gesegnet wurden.

Vielleicht rief Jakob aus dieser verzweifelten Erkenntnis heraus, als er mit Gott rang: *»Ich lasse dich nicht los, wenn du mich nicht segnest!«* (1. Mose 32,27). Und weil dieser Segen Gottes nicht von ihm abließ, trotz aller Fehler, die er machte, konnte er eines Tages vor dem Pharao stehen und ihn segnen.

Wir alle werden noch manche interessante Begegnung haben. Vielleicht werden wir auch irgendwann einmal vor einem mächtigen Mann oder einer mächtigen Frau stehen. Wir können uns im Alltäglichen darauf vorbereiten. Denn schon morgen stehen wir wieder vor unserer Schulklasse, unserem Lehrer, vor einer Kommilitonin, am Bett eines Kranken, oder am Verhandlungstisch eines Geschäftspartners. Oder wir stehen vor unseren Investoren, unseren Angestellten oder unserem Chef. Dann dürfen wir in diesem Moment etwas weitergeben von dem Segen, den wir schon empfangen haben. Wir selbst können anderen Menschen etwas zukommen lassen vom Segen Gottes. Probieren wir es aus.

Timothy Keller hat einmal gesagt: Viele von Gott gesegnete Menschen hinken wie Jakob, während sie gleichzeitig vor Freude tanzen.[33] Ich denke, auf die allermeisten von uns trifft das zu.

---

33 Vgl. Timothy Keller, *Es ist nicht alles Gott, was glänzt – Was im Leben wirklich trägt*. Aßlar 2011, S. 206.

Über den Autor

Stefan Jung ist 1962 in Dillenburg/Hessen geboren. Schon in frühester Kindheit las ihm seine Mutter Geschichten aus der Kinderbibel vor. Auch der Jungscharleiter verstand es, am Lagerfeuer spannend aus dem Alten Testament zu erzählen. Heute erzählt er selbst biblische Geschichten mit Begeisterung, in Predigten und Vorträgen, im Unterricht und in Seminaren.

Nach dem Abitur hat Stefan Jung in Gießen, Tübingen und Hamburg Theologie studiert und in Leuven/Belgien promoviert. Seit dreißig Jahren arbeitet er als Pastor, Theologe und Autor.

Seit 1998 ist er Pastor der Evangelisch-Freikirchlichen Gemeinde in Gundelfingen/Breisgau. Er ist verheiratet und Vater von zwei erwachsenen Kindern. Außerdem ist er oft mit seinem Königspudel in der Natur unterwegs.

Bisherige Veröffentlichungen:

Vaterunser – Das Gebet für alle Lebenszeiten. Friesenheim-Schuttern 2011.

Der Heilige Geist – Eine biblische Orientierung. Lahr 2008.

Gott lieben, loben, feiern – Anbetung und Lobpreis im Spannungsfeld von Eventkultur und Tradition. Basel/ Gießen 2008.

Die Bergpredigt – Sehnsucht nach Leben. Lahr 2005.

Die Zehn Gebote – Aufbruch zur Freiheit. Lahr 2003.